JÖRG-PETER KLOTZ (HG.)

WOLFGANG NIEDECKEN UND BAP

JÖRG-PETER KLOTZ (HG.)

WOLFGANG NIEDECKEN UND BAP

IN EIGENEN WORTEN

**VORWORT VON
DIETMAR SCHÖNHERR**

PALMYRA

Der Herausgeber dankt:

BAP, Georg Stein, Kathrin Razum, Holger Schulz, Jochen
Heyer (What usser BAP), Harald Engel, Nicole Hemmerich,
Horst Prange, Dieter Martens, Uwe Husslein, dem *Mannhei-
mer Morgen* und stellvertretend den Kollegen Teddy Hoersch,
Heinz Kronberger, Walter Liederschmitt, Eric Rauch, Martin
Scholz, Nobby Scholz sowie Georg Spindler.
Kein Dank an Seagate und Fifa '98.

Special thanks von Verlag und Herausgeber an
Tina und Wolfgang Niedecken sowie Dietmar Schönherr.

Die Deutsche Bibliothek – CIP-Einheitsaufnahme

Wolfgang Niedecken und BAP in eigenen Worten
Jörg-Peter Klotz (Hg.). Vorw. von Dietmar Schönherr.
Heidelberg : Palmyra, 1999
ISBN 3-930378-24-8

© Copyright 1999 by PALMYRA VERLAG
Hauptstraße 64, 69117 Heidelberg
Telefon 06221/165409, Telefax 06221/167310
e-mail: palmyra-verlag @t-online.de
http://www.palmyra-verlag.de
Alle Rechte vorbehalten
Lektorat: Kathrin Razum
Umschlaggestaltung: Georg Stein und Uwe Schmitt
Umschlagfoto: Elzbieta Wojtkowiak
Satz: Michael Grub
Druck und Bindung: Ebner Ulm
Printed in Germany
ISBN 3-930378-24-8

Inhalt

Maach et joot

Vorwort von Dietmar Schönherr

Als ich zum ersten Mal nach Köln kam, nämlich im Herbst 1951, wußte ich noch nicht, daß gerade der Knabe Wolfgang Niedecken das helle Licht der Domstadt erblickt hatte. Ich dachte, daß die Leute in Köln Wein trinken, daß sie sprechen wie Konrad Adenauer und daß sie alle nach Kölnisch Wasser duften. Ich war Sprecher am damals noch NWDR genannten Westdeutschen Rundfunk und beim Verlesen von Sportnachrichten fest davon überzeugt, Castrop-Rauxel sei eine französische Provinzstadt. Da in meinem Portemonnaie fast immer Ebbe herrschte, bestellte ich mir gleich in den ersten Tagen voller Begeisterung einen Halven Hahn, der laut Speisekarte nur zwei Mark fünfzig kostete, und war entsprechend enttäuscht, als mir der Köbes ein Käsebrot servierte. Mein bester Freund wurde bald Gigi Campi, eine italo-kölsche Glanzfigur, mit dem ich meine Begeisterung für den Jazz teilen konnte.

In den drei Jahren meiner Anwesenheit, in denen ich zunächst im Vordergebäude des Gefangenenhauses Klingelpütz, dann im Hof eines Klüttebuurs in Nippes und schließlich hochvornehm im Domkloster wohnte, machte ich die ahnungsvolle Erfahrung, daß die kölschen Menschen sehr viel von den römischen Vorfahren mitbekommen haben, und ich bildete mir ein, daß Kölsch-Platt auf geheimnisvolle Weise die Abart eines ligurischen Dialekts sei.

Später kehrte ich immer wieder in die Domstadt zurück, verplemperte weitere drei Jahre mit Menschenversuchen an Gästen, die, je später der Abend wurde, angeblich immer schöner werden sollten, und pflanzte damit unseligerweise das Format Talkshow in die deutschsprachige Fernsehlandschaft. Mittlerweile bildete ich mir ein, des kölschen Idioms mächtig zu sein, und als mir eines Tages Willy Millowitsch auf der Straße begegnete, sprach ich ihn unvorsichtigerweise in dieser Sprache an. Er schaute mich groß an und sagte mit seinem unverwechselbaren Charme: »Soll dat villeich Kölsch sin?« Soviel zu meinen Kenntnissen des wundervollen Argots, in dem Wolfgang Niedecken dichtet und singt.

Ihn selbst lernte ich erst viel später kennen, als er schon berühmt und ich inzwischen ein Nicaragua-Veteran war.

Viele Kollegen, Künstler aller Sparten, sprachen mir ihr Lob für meine dortigen Bemühungen aus, in jenen fernen Landen, wo die Völker aufeinander einschlagen. Vom vielen Auf-die Schulter-geklopft-Bekommen war ich schon ganz gekrümmt, als ich Wolfgang traf, der mir die Schulterklopf-Arie ersparte, aber dafür 1987 zu mir nach Nicaragua kam. Das werde ich ihm nie vergessen.

Er brachte fünf Complizen mit, und zu sechst sollten sie, im Umfeld einer internationalen Buchmesse, eine Reihe von Konzerten geben.

Nun verstehen die Nicas außer ihrer eigenen Sprache grundsätzlich keine andere, ich war also gespannt, wie sie auf Wolfgangs *alemàn* reagieren würden.

Die technischen Voraussetzungen in der ersten Spielstätte, dem Altamira-Kino in Managua, waren damals abenteuerlich: Ein netter Kerl namens Carlos hielt einen funkensprühenden Elektrostecker in einer brandgeschwärzten Steckdose fest, konnte aber nicht verhindern, daß der Strom über große Strecken ausblieb. (Wolfgang Niedecken ließ sich nach dem Konzert für diese Aktion ein Autogramm von Carlos geben.) Daher gehöre ich zu

8

den wenigen Menschen, die Wolfgang Niedecken singen sahen, aber nicht singen hörten, gewissermaßen eine chaplineske Stummfilmveranstaltung.

Das zweite Konzert in Granada fiel wegen eines pünktlich einsetzenden Wolkenbruchs überhaupt aus; so daß auch das riesige Transparent auf dem Postgebäude mit der Aufschrift WORFGARG NIRDERKEN zuerst durchweicht und schließlich von Sturmböen davongetragen wurde.

Auch die dritte Gelegenheit, eine Dichterlesung auf der Buchmesse, verstrich ungenutzt, da Latino-Dichter, wenn sie einmal eines Mikrofons habhaft sind, dieses Mikrofon so schnell nicht wieder loslassen. Wolfgang saß mit seiner Gitarre geduldig daneben, wartete auf den Moment, da er seine Stimme in das Konzert der Dichter hätte einbringen können.

Wieder nichts! Er lächelte mir aus seinen gütigen Augen freundlich zu und sagte kein böses Wort. Seither bin ich sein Freund und Bewunderer.

Jetzt feiert er mit BAP das 20jährige Band-Jubiläum: Im April '99 gehen die sagenhaften Mundart-Rocker auf Jubiläumstour.

Wolfgang hat gemeinsam mit dem BAP-Gitarristen Klaus »Major« Heuser in diesen zwei Jahrzehnten mit seinen Texten und seinem politischen Engagement Millionen von Kids geprägt und Kölsch zu einer Weltsprache gemacht. Hunderttausende hörten BAP in der Sowjetunion und China, und sogar die Helvetier singen seine Texte begeistert mit und beweisen mit Sätzen wie:»Su deef hatt noch janix berührt«, daß auch sie dem ligurischen Schamanen verfallen sind.

Über diese Begeisterung vergessen sie, oder haben es gar nie gewußt, daß Wolfgang Niedecken auch Maler ist, und zwar einer, der sich problemlos einreihen läßt zwischen Rauschenberg und Warhol. »E joot Bild will sing Zick hann…« schreibt er in einem Gedicht. Sein umfangreiches Werk als Maler beweist, daß er sich viel Zeit für seine gestalterische Arbeit, eine Synthese aus Farbe, Fundstücken und Tagebuchseiten, genommen hat.

Der Wolfgang ist ein Allround-Künstler, und seine Musik, seine Poesie und seine Malerei gehören zusammen wie die drei Tafeln von einem »oppjeklappte Tryptichon«.

Es gibt Millionen von CDs in den Regalen von Menschen aller Altersgruppen. Es gibt in meinem Bücherregal ein Buch, in dem man seine Bilder und Objekte anschauen kann. Und das tue ich oft. Er hat diesem Buch den Titel *Pissjääl & Kackbrung* gegeben, nicht weil er den Geheimrat Goethe mit seiner Farbenlehre verscheißern wollte, sondern weil diese Farben in seiner Kindheit im Severinsviertel eine hochemotionale Rolle gespielt haben.

Am meisten berührt mich, daß er seiner Band den Namen seines Vaters gegeben hat.

Maach et joot, Wolfgang BAPP Niedecken.

Kaiserstuhl (Schweiz), Februar 1999

Wolfgang Niedecken mit Dietmar Schönherr und Ernesto Cardenal in Nicaragua 1987.

10

Einleitung

Herr Niedecken, Sie blicken zurück auf 20 Jahre BAP und elf Studioalben.

Willst du mich jetzt wirklich siezen oder was?
Wolfgang Niedecken, Musikexpress/Sounds 2/1999

Die Arbeit an diesem Buch war ein Kinderspiel. Es hätte auch gut und gern den doppelten oder dreifachen Umfang haben können. Das liegt nicht nur daran, daß Wolfgang Niedecken wahrscheinlich der fleißigste Interviewgeber unter der Sonne ist. Der Mann hat in der Regel etwas zu sagen, ist intelligent, informiert, interessiert und einfallsreich. An dem BAP-Sänger ist ein prima Musikjournalist verlorengegangen, weil er es schafft, die immer gleichen Fragen immer wieder neu zu beantworten. Anders als von vielen seiner Kollegen kommt von ihm so gut wie nie das gebetsmühlenartige Wiederkäuen von Promotion-Phrasen, um das natürlich absolut unvergleichliche aktuelle Album ins rechte Licht zu rücken. »Jeder, der uns interviewt, ist wie ein kompaktes Publikum«, begründet der BAP-Frontmann seine Medienpräsenz. »Ich kann es nicht jedem sagen, also spreche ich mit Zeitungen.« Politik, Musik, bandinterne Querelen, familiäre Probleme, Alkoholsucht – kein Eisen ist dem Kölschrocker zu heiß, Selbstironie und -kritik sind für ihn keine Fremdwörter. Genau wie Klaus »Major« Heuser oder die anderen BAPer, die seltener das Gespräch mit der schreibenden Zunft suchen, nimmt auch Niedecken fast nie ein Blatt vor den Mund. »Bin ich denn bescheuert, so eine Überschrift für den Artikel zu liefern«, rutscht es dem Sänger dann auch schon mal heraus. Die scheinbar grenzenlose Offenheit der Bandmitglieder ist eine wohltuende Ausnahme im Musikgeschäft – zumal Niedecken und Co. nicht nur gegenüber den großen Tieren im Mediendschungel zutraulich sind. BAPs »eigene Worte« findet man nicht nur in den großen Musikzeitschriften und überregionalen Blättern sowie Magazinen. »Da redest du eine Stunde intensiv mit Wolfgang Niedecken, und dann kommt das Schülermagazin *Halbe Kreide* aus Werweißwo, und der macht dann mit denen nahtlos weiter«, erinnert sich mein Kollege Georg Spindler, der Niedecken für den *Mannheimer Morgen* mehrfach interviewte. Langer Rede kurzer Sinn: Einen angenehmeren Gesprächspartner findet man kaum.

Im Mittelpunkt von *Wolfgang Niedecken und BAP. In eigenen Worten* steht der Sänger, seine Biographie, seine Meinungen und Vorlieben. Schließlich nimmt Niedecken nicht nur die meisten Interview-Termine wahr, er ist auch der »letzte Mohikaner« aus der Gründungsformation. Aber auch die anderen Bandmitglieder kommen zu Wort – allen voran »Major« Heuser. Im ersten Kapitel »20 Jahre Dauerschwein« geben die BAP-Mitglieder in erster Linie Auskunft über ihr Selbstverständnis als Musiker und Band. Kapitel zwei nimmt den kölschen Dialekt ins Visier, der die Gruppe aus dem »Millionendorf am Rhein« nicht daran gehindert hat, seit 20 Jahren im gesamten deutschsprachigen Raum Erfolge zu feiern und Tourneen nach China, Südamerika oder in die UdSSR zu unternehmen. Wolfgang Niedeckens Herkunftsviertel, die Kölner Südstadt, und exemplarische Stationen seiner Kindheit stehen im Mittelpunkt des dritten Abschnitts. »Vun Kölle noh drusse« zeichnet dann den Weg der

»wildgewordenen Liedermacherkapelle« zur zeitweise erfolgreichsten deutschen Rockband nach.

Zusammen mit dem Leverkusener Klaus »Major« Heuser bildet Niedecken ein Songwriter-Duo, dessen Qualität von anderen hierzulande selten erreicht wird – das aber auch durch eine kreative Haßliebe wie aus dem Rock'n'Roll-Bilderbuch verbunden zu sein scheint: »Rheinische Glimmer Twins« beschreibt dieses nicht unproblematische Verhältnis zwischen Sänger und Gitarrist, das offensichtlich in der Tradition Jagger/Richards, Townshend/Daltrey, Page/Plant oder Rose/Slash steht. »Aber irgendwie sind wir ja doch Freunde«, sagt Niedecken. Wahrscheinlich geben deshalb beide BAP-Protagonisten ihre spannungsreiche Beziehung als eines der Erfolgsgeheimnisse ihrer Band aus. Anschließend rückt der Entstehungsprozeß der BAP-Songs unter die Lupe. Erstaunlich, wie sich die Verfahren, Texte mit Musik zu versehen oder umgekehrt, im Laufe der Jahre ständig ändern. Aber BAP ist eine Live-Band, Studioarbeit war oft nur eine Pflichtübung. Von daher befaßt sich »Affrocke« ausführlich damit, wie das Septett seine Tourneen und Konzerte erlebt, konzipiert, organisiert etc.

Die erste große Krise nahm sich BAP 1985. Jede gute Beziehung macht Tiefs durch, und wenn man nicht miteinander spricht, werden aus Lappalien Riesenprobleme – eine Trennung auf Zeit brachte das Schiff wieder auf Kurs. Zehn Jahre später kam es zur fast geräuschlosen Trennung von Gründungsmitglied »Schmal« Boecker und Bassist Steve Borg. »Neue Männer braucht die Band« beschreibt diesen Abschnitt der Bandgeschichte und die positive Wirkung der Neuzugänge Werner Kopal und Jens Streifling auf Musik und Stimmung der Band.

Ein ganzes Kapitel ist Wolfgang Niedeckens Leidenschaft für sein großes Vorbild Bob Dylan gewidmet, dessen *Like A Rolling Stone* ihn erst zum Schreiben von Rocktexten brachte. Aber Niedecken und Heuser haben auch zur Musik anderer Kollegen eine

Menge zu sagen: Von den Rolling Stones und Bruce Springsteen bis zu Rammstein und den Böhsen Onkelz.

BAP hat sich immer als politische Band verstanden und immer wieder engagiert, wenn es darum ging, Nachhilfe in Sachen Zivilcourage zu geben. Selbstverständlich, daß Politik in einem BAP-Buch eine große Rolle spielt. Das besondere Verhältnis der Kölner zum deutsch-deutschen Thema, das sich aus der 1984 schlagzeilenträchtig gescheiterten DDR-Tournee erklärt, wird gesondert beschrieben.

In den letzten fünf Kapiteln hat Wolfgang Niedecken allein das Wort: Er spricht über Alkoholismus, Familie, Ehe, Kinder, die Arbeit als bildender Künstler und seine nach dem Abstieg 1998 plötzlich sehr viel heftiger entbrannte Liebe zum 1. FC Köln – viele Facetten, die kaum ein anderer deutscher Künstler unter einen Hut bringen könnte. Ein zweistündiges Gespräch zum 20-jährigen BAP-Jubiläum schließt den Kreis.

Jörg-Peter Klotz, Heidelberg, Februar 1999

Aktueller Nachtrag: Da war es nur noch einer

Unmittelbar nachdem dieses Buch in Druck ging, gab es bei BAP wichtige personelle Veränderungen: Am 2. März 1999 gab die Band bekannt, daß Gitarrist Klaus »Major« Heuser schon im Dezember 1998 seinen Ausstieg aus der Band angekündigt hatte, um nach der Jubiläumstournee eigene Wege zu gehen. Auch Keyboarder Alexander »Effendi« Büchel und Sound-Mann Hans »Fonz« Wollrath teilten mit, daß sie BAP im Juli 1999 verlassen würden. Damit ist Wolfgang Niedecken das letzte Mitglied aus der Bandbesetzung der frühen achtziger Jahre. »Internen Streit hat es nicht gegeben. Wir hatten schon bei den letzten zwei Tourneen gemerkt, daß ›Major‹ lieber Songs schreiben und andere Bands produzieren will; ich respektiere Majors Entscheidung«, kommentierte Niedecken. Das letzte Konzert in alter Besetzung findet im Juli 1999 statt. Neuer Leadgitarrist wird Helmut Krumminga (früher u.a. bei Wolf Maahn und Gerd Köster); statt »Effendi« greift künftig Michael Nass in die Tasten. Ebenfalls neu hinzu kommt Sheryl Hackett als Percussionistin und Backgroundsängerin.

20 Jahre Dauerschwein

I rgendwann mußte ein Name für die Band her. Wir haben lang hin und her überlegt: Nehmen wir einen so anheimelnden Namen wie Flönz oder so was Urkölsches. Das war uns zu blöde. Wir haben BAP genommen – das ist ein alter Spitzname von mir.

Wolfgang Niedecken, Stadtrevue, November 1979

BAP bedeutet Papa und war der Spitzname meines Vaters. Später nannten mich Freunde auch so.

Wolfgang Niedecken, Kölnische Rundschau,
2. September 1981

Ich bin Texter und Sänger. Ich singe zu der Musik, die die Band macht.

Wolfgang Niedecken, Zeit-Magazin, 24.1.1997

Was uns so schnell keiner nachmacht, ist, daß wir eine richtige Band sind. Viele von den Kritikern haben das überhaupt noch nicht begriffen, daß es bei uns gar nicht darauf ankommt, ob da ein unheimlich toller Solo-Gitarrist spielt, sondern daß wir als Band eben unheimlich stark sind. Und da kommt im Augenblick in Deutschland wirklich so schnell keiner dran. Ich kenne jedenfalls kaum eine deutsche Band, die als Einheit so gut ist.

Unsere Stärke liegt nicht im solistischen Bereich, sondern in der Verbindung, wie wir das rüberbringen. Allerdings sind wir musikalisch auch nicht so schlecht, wie unsere Kritiker das immer sagen. Die sollen erst mal ein Stück wie *Do kanns zaubere* komponieren.
Klaus »Major« Heuser, Fachblatt Musikmagazin 12/1982

Mit dem, was ich an Ausdrucksmitteln zur Verfügung habe, gehe ich an mein Alltagsleben ran und setze das um. Musikalisch ist mein Spektrum nicht groß genug, um behaupten zu können, daß ich irgendwelche Neuerungen bringen würde. Ich bin froh, wenn ich meine Akkorde sauber gespielt bekomme, ja, und damit hat es sich. Es gibt Leute, die können sehr viel schöner singen und Gitarre spielen als ich, aber es gibt nur wenige Leute, die so texten können wie ich. Meine Hauptarbeit sind daher die Texte.
Wolfgang Niedecken, »Kölsch Rock. Die erste Dokumentation über die Kölner Szene«, 1981

Ich bin bestenfalls ein Rock-Poet, der seine Worte zeichnet. In grellen oder pastellfarbenen Tönen, je nach Stimmung. Oder ein Maler, der seine Kunst in Worte kleidet.
Wolfgang Niedecken, Rock Magazin, April 1981

Ich bin mehr oder weniger Exhibitionist – wie alle Leute, die kulturell was machen.
Wolfgang Niedecken, Die Zeit, 28. August 1987

Welche Kunstfertigkeit möchten Sie besitzen?

Singen können.
Wolfgang Niedecken, Kölner Express, 21. März 1984

Ich wollte schon immer Rockmusiker werden. Insofern unterscheide ich mich, glaube ich, grundlegend von dem Rest unserer

In eigenen Worten

Band. Während es für Wolfgang, »Schmal« und die anderen eher Zufall ist, Musik zu machen, habe ich diesen Entschluß schon mit sieben oder acht Jahren gefaßt, als ich zum ersten Mal die Stones gehört habe.

Klaus »Major« Heuser, »BAP övver BAP«, 1983

Ich will aufrecht gehen.

Wolfgang Niedecken, FAZ-Magazin, 28. August 1987

Wo sehen Sie Ihre Grenzen?

Ich glaube, daß ich ganz gute Texte schreibe und daß ich die auch ganz gut vermittelt kriege. Ich glaube nicht, daß ich ein guter Sänger bin. Ich glaube auch nicht, daß ich ein guter Musiker bin. Ich bin ein guter Frontmann, ich kann mich vermitteln auf der Bühne. Und das, glaube ich, sehr gut.

Wolfgang Niedecken, Playboy 10/1988

Wenn wir uns wiederholen würden, gäbe es BAP schon gar nicht mehr. Wir zappeln nicht mit Blick auf die Charts über den Dancefloor. Trotzdem müssen und wollen wir uns natürlich immer weiterentwickeln. Was nicht heißt, daß wir jetzt auf jeden Trend aufspringen.

Wolfgang Niedecken, Musikexpress/Sounds 2/1999

Ich will doch einfach nur sagen, daß ich nicht der Oberdurchblicker bin, der jedes und alles von vornherein im Griff hat.

Wolfgang Niedecken, Fachblatt Musikmagazin 3/1986

Wir haben das ungeheure Privileg, daß unser Stammpublikum immer zu uns hält, egal, was wir machen. Man stelle sich das vor: Eine Million Menschen in ganz Deutschland wollen unsere Musik, obwohl sie Kölsch gesungen ist. Das nenn ich Dauer-

17

schwein... – bin ich eigentlich bescheuert, so eine Überschrift für den Artikel zu liefern.
Wolfgang Niedecken, Audio 9/1993

Ihr habt euch über die Jahre als Menschen und Band verändert – pflegt ihr trotzdem Kontakte zu Fans, die euch seit der ersten Stunde die Treue halten, die euch auf ausgedehnten Tourneen hinterherreisen oder im Internet BAP-Webseiten unterhalten?

Wir nennen sie »die Unheilbaren«. Klar sind wir stolz auf diese Hardcore-Gefolgschaft. Wenn sie uns bei Tourneen hinterher-reist, versuchen wir bisweilen, ihr die Angelegenheit zu erleich-tern. Früher war das noch schlimmer, da haben wir in Hotels gleich ein paar Zimmer mehr bestellt und dort Pritschen aufge-stellt, damit die Leute pennen konnten. Aber das hat sich natür-lich herumgesprochen und ist uns am Ende über den Kopf ge-wachsen – es war auch irgendwann nicht mehr zu bezahlen.
Wolfgang Niedecken, Musikexpress/Sounds 2/1999

Wir sind doch nicht so vermessen, daß wir ernsthaft annehmen, 'ne Million ist unser Verkaufsdurchschnitt. Das war damals ein Boom, es war tatsächlich eine Weile in, sich eine Platte von den Kölschrockern zu kaufen. Da griffen Leute zu, die sich vorher und nachher nicht mehr dafür interessierten.
Wolfgang Niedecken, Fachblatt Musikmagazin 3/1986

Ich betrachte es als Glück, mit dem mein Geld zu verdienen, was sowieso aus mir rauskommt.
Wolfgang Niedecken, Die Zeit, 28. August 1987

Als ich Wolfgang und »Schmal« kennenlernte, war es so etwas wie Liebe auf den ersten Blick. Man sieht sich, man versteht sich und fühlt, daß man sich sehr nahe ist. Man ist nicht mehr allein mit seinen Problemen und Träumen, und man spürt, wie die

Kraft, die man zusammen entwickelt, allen das Gefühl gibt, Berge versetzen zu können. Um so etwas wie BAP zu entwickeln, braucht man den Glauben an die anderen und ein Vertrauen in die eigene Leistung und die der anderen. Natürlich braucht man auch Glück, aber vor allem die Fähigkeit, sich immer wieder am eigenen Zopf aus dem Sumpf der alltäglichen kleinen Niederlagen zu ziehen.

Klaus »Major« Heuser, »BAP övver BAP«, 1983

Wie jeder, der in Deutschland erfolgreich ist, haben wir eine Unmenge Neider. In unserem Land gilt wirklich: Du kannst deinen Erfolg an den Neidern messen.

Wolfgang Niedecken, WOM-Journal 10/93

Die Zukunft von BAP sehe ich optimistisch, weil sich selbst mein Bäcker schon Monate vorher immer wieder erkundigt, was das neue Album macht.

Wolfgang Niedecken, Audio 9/1993

Eigentlich müßte ich jetzt der glücklichste Mensch der Welt sein, und zum Teil bin ich das auch, denn ich gehöre zu den wenigen Menschen, die das Glück haben, ihr Hobby zum Beruf haben machen zu können. Ich habe es geschafft, mir meinen Jugendtraum zu erfüllen, ich kann davon leben, und inzwischen nicht schlecht. Ja, im Grunde habe ich sogar weit mehr erreicht, als ich jemals zu träumen gewagt hätte. Zwar war es mein Traum, einmal Rockstar zu werden, aber eben, wie ich jetzt sagen muß, in einem bescheidenen Sinne. Ich wollte einfach regelmäßig auftreten, und ich wollte ab und zu bei einer Plattenaufnahme mitmachen. In diesem Traum kam dagegen nicht vor, einmal vor den Stones spielen zu dürfen, was für mich bisher das größte Erlebnis war, oder einen derartigen Riesenerfolg zu haben. Mein Rock-Traum, ein deutscher Rock-Traum, war daran gemessen geradezu schüchtern und kleinlaut.

Kaum jemand wird wohl nachempfinden können, was es für ein Gefühl ist, wie bei »Rockpop in Concert« in der Westfalenhalle zum ersten Mal vor so vielen Menschen spielen zu dürfen und dabei dann so gut anzukommen. Oder das für mich unvergeßliche Loreley-Konzert, bei dem ich zum Abschluß und mitten in der Nacht die Ehre hatte, mit solchen Größen wie Rory Gallagher, David Lindley und Eric Burdon zusammen spielen zu können. Auch muß ich immer wieder an den Tag denken, als wir unsere ersten Goldenen Langspielplatten überreicht bekamen und ich, nachdem ich mich den ganzen Tag über, so cool es eben ging, durch den offiziellen Teil hindurchgerettet hatte, plötzlich in dem Moment, da ich die Dinger endlich zu Hause in meinem Zimmer abstellte, vor lauter Glücksgefühlen einen richtigen Heulkrampf bekam.
Klaus »Major« Heuser, »BAP övver BAP«, 1983

Wir machen keine Musik, mit der ich ein Problem hab. Das ist die Musik, die ich gern mag. Vieles von dem, was zur Zeit als sehr hip und neu gilt, ist in Wirklichkeit gar nicht neu, es steckt nur eine andere Attitüde dahinter.
Wolfgang Niedecken, Zeit-Magazin, 24.1.1997

BAP wollte immer nur eine Rockband sein und kein Verdauungsorchester für Sechs-Korn-Verstopfung und bioenergetische Atemtherapie, oder was weiß ich.
Wolfgang Niedecken, »Auskunft«, 1990

Das, worauf es wirklich ankommt, hat mit diesem Klischee vom Ruhm überhaupt nichts zu tun. Das ist nicht das, was dich glücklich macht. Was nützt dir der ganze Ruhm, wenn du ansonsten vor den Scherben deiner eigentlichen Existenz stehst? Das Wesentliche ist, daß du bei dem Machen dieser Bilder oder Lieder oder bei Auftritten ein Gefühl empfindest, das ganz stark ist: Das ist das Beste, was ich geben kann.
Wolfgang Niedecken, Zeit-Magazin, 24.1.1997

Die Chance, durch den andauernden Erfolg irgendwie den Tritt zu verlieren, ist ungleich größer, wenn du noch ziemlich jung bist – du mußt bedenken, wir sind alles Herren gesetzten Alters, jo, so is dat. Nee, aber mit ein-, zwei-, dreiundzwanzig biste ganz anders in der Lage, unkritisch abzuheben, und auch die Fähigkeit, mit bestimmten Dingen umzugehen, entwickelt sich erst nach und nach. Zum Beispiel dich in den Medien so zu bewegen, daß du dich nachher auch noch wiedererkennst. Du gerätst da an Leute, die ihr Geschäft knallhart betreiben, die keine Sekunde zögern würden, von wegen »rein in die Eier«, wenn sie vermuten, jetzt stehen die Zeichen auf »BAP-Fertigmachen«, auch wenn du ihnen persönlich nicht die Bohne unsympathischer geworden bist – die gibt es. Und damit kommste mit 32 besser klar als mit 23.

Wolfgang Niedecken, Musikszene 6/1984

Ich hab mich in der Disco immer völlig deplaziert gefühlt. Wenn andere am Wochenende in die Disco gingen, hatten wir Auftritte. Bin ich doch einmal hingegangen, habe ich nur darauf geachtet, welche Songs die DJs auflegen und wie man die spielen könnte. Auf der Tanzfläche war ich der klassische Luftgitarrist – das sah ziemlich blöd aus.

Wolfgang Niedecken, Rolling Stone 2/1996

Eine Autobiographie? Gott bewahre, so würde ich *Auskunft* nicht nennen. Bei einer Autobiographie stellt man sich vor, daß ein alter Mann oder eine alte Frau hingeht und Resümee zieht. Das kann ich doch noch gar nicht! Ich bin, wenn überhaupt, hoffentlich erst in der Mitte angekommen und hab noch unheimlich viel vor.

Wolfgang Niedecken, Rheinische Post, 6. Oktober 1990

Wenn ich Interviews oder auch Berichte lese, dann habe ich immer das Gefühl, daß das nur Eisbergspitzen sind. Da fehlen völlig die Grauwerte, und genau darauf kam es mir in diesem Buch an.

Wolfgang Niedecken, Rheinische Post, 6. Oktober 1990

Unser Buch *BAP övver BAP* sollte 'ne Alternative zu den Jugendverblödungszeitungen sein. *Bravo*, *PopRocky*, die Dinger. Die Kids schreiben uns: Ihr seid gegen diese Blätter, aber wo erfahren wir denn mal was von euch, kriegen mal'n paar Bilder? Wir wollten diese Leute nicht weiter quasi zwingen, den ganzen anderen Müll, der da noch abgehandelt wird, mitkonsumieren zu müssen, wenn sie etwas über'n »Major« wissen wollen – und zwar nicht die Farbe der Socken, sondern wie der sich nach 'nem Konzert fühlt. Und das wollen wir *Bravo* auch gar nicht erzählen, so'n Blick hinter die Kulissen wollen wir denen gar nicht gestatten. Deren ganze Macht ist eben ihre ungeheure Verbreitung, die wahnsinnig hohe Auflage – die kriegst du in jedem Kaff. Und ich finde die noch gefährlicher als *Bild*, weil sie sich mit ihrem Seich aus der rechten Ecke auch an sehr junge, unmündige Leser wenden – denen kannst du einen unheimlichen Schrott reindrücken als Vorbereitung für den Schrott, der dann per *Bild*-Zeitung später kommt.

Wolfgang Niedecken, Musikszene 6/1984

Ihr habt euch früher mal dagegen gewehrt, daß ihr in der »Bravo« wart. Seid ihr inzwischen in eurer Deutschrock-Nische versackt? Oder tendiert ihr wieder zur »Bravo«?

(Lacht) Sieh dir die Ärzte an, die haben ständig eine Story in der *Bravo*. 1982 war eine ganz andere Zeit als heute. Die Medienverflechtung ist undurchsichtig wie ein Dschungel geworden, durch den du nur noch durchblickst, wenn du täglich damit zu tun hast.

Ich setze mich alle zwei Jahre zu jeder neuen Platte damit auseinander, wem ich beispielsweise Interviews geben darf und wem nicht, um meinen lang gehegten Vorsatz, der Springer-Presse keine Interviews zu geben, zu halten. Die *Bravo* ist für mich nicht mehr das Feindbild, das es früher einmal war. *Bravo* ist ja irgendwie »Yellow Press« für Kinder, aber es gibt weitaus Schlimmeres. Mittlerweile sage ich mir, jeder von uns hat in einer bestimmten Lebensphase ein paar *Bravos* gekauft, und jeder ist mehr oder weniger unbeschadet aus dieser Phase rausgekommen. Wenn meine Söhne also mit dem Ding ankommen, denke ich mir nur: »Aha, muß das also auch hier sein!« Ich werde dann verträumten Blickes zurückdenken und feststellen, daß ich auch irgendwann einen Starschnitt an der Wand hatte und es mir auch nicht geschadet hat.

Wolfgang Niedecken, Access All Areas 6/1994

Aber letztendlich waren doch meine Texte das eigentlich Besondere an BAP. Das hob uns aus der Masse der deutschen Rockbands heraus. Aus den vielen Bands mit solide arrangierter Musik, auf die man halt noch ein paar »Tralala-Zeilen« sang.

Wolfgang Niedecken, »Auskunft«, 1990

Mein Ziel ist es, so zu spielen, daß die Leute eine Gänsehaut bekommen.

Klaus »Major« Heuser, Kölner Stadt-Anzeiger, 1. März 1994

Ich bin ganz froh, wenn ich eine Stimme als gleichberechtigtes Instrument auffassen kann. Es kommt ja auch ganz selten vor, daß jemand nur den Baß anhört und alles andere uninteressant findet. Überhaupt sollte man ein Stück doch als Einheit betrachten, wo die Stimme und alle Instrumente gleichberechtigt nebeneinander stehen.

Wolfgang Niedecken, Concerts 5/1991

Da ich immer mit viel besseren Gitarristen zusammengespielt habe, ist es mir peinlich, nie etwas an meiner Gitarrentechnik

getan zu haben. Das kann ich mir eigentlich nicht verzeihen. Ich bin immer froh, daß ich überhaupt mitspielen darf. Eigentlich habe ich genügend Zeit zum Üben, aber vielleicht bessere ich mich ja. Ich spiele wirklich gerne Gitarre. Peinlich ist mir auf jeden Fall nicht, daß ich immer noch keine Noten lesen kann. Ich muß mehr an meiner Technik arbeiten, damit ich mit mir selber zufrieden bin.
*Wolfgang Niedecken, Das neue Fachblatt
Musiker Szene 2/1999*

Wir haben mal mit einem Rapper zusammengearbeitet, aber das hat nicht funktioniert. Was nicht heißt, daß wir Einflüsse aus anderen Genres prinzipiell ablehnen.

Außerhalb von Rhythm'n'Blues?

Außerhalb von Rock. BAP ist zwar eine Rockband, aber du darfst nicht vergessen: Wir waren damals eine Gruppe von Kunststudenten. Wir sind naiv, aber anspruchsvoll an die Musik herangegangen. Hast du dir mal unsere ersten Platten angehört? Wir wollten klingen wie Zappa auf *Joe's Garage*, hatten's aber einfach nicht drauf.
Wolfgang Niedecken, Musikexpress/Sounds 2/1999

Weitab von den Aktionen auf der Bühne stehe ich in einem Meer von Leibern und versuche immer, wie dieser bedeutungsschwere Fels in der Brandung auszusehen. Das klappt allerdings nie so richtig. All die Zuneigung und der Zuspruch des Publikums kleben irgendwo auf der Bühne. Dieser Dank der Fans kommt zwar auch bei mir am Mischpult vorbeigeflogen, entschwindet jedoch sofort nach vorne und wird dort von der Band dankbar aufgesogen. Da mag tatsächlich der Eindruck entstehen, ich hätte wohl ein etwas kleines Stück vom großen BAP-Kuchen abbekommen. Mein Popularitätsgrad hängt im Vergleich zu dem der anderen

Bandmitglieder um ein beträchtliches Maß zurück. Ich erwähne das nur, weil mich viele meiner Freunde deswegen fürchterlich bedauern. Dabei besteht aus meiner Sicht kein Anlaß zur Traurigkeit. Ich selbst habe selten einmal das Gefühl gehabt, zu wenig Beachtung beim Publikum und bei den Fans zu finden. Ich bin sogar froh darüber, als einer der wenigen noch unerkannt über die Straße gehen zu können. Meine Position in der Halle kann auch von einer ganz anderen Seite betrachtet werden. Ich bin schließlich der einzige, der bis auf zwei Konzerte (ich war krank, lag zu Hause im Bett und konnte jedesmal ab 14 Uhr – normalerweise Arbeitsbeginn – nicht mehr ruhig liegen) alle Auftritte von Anfang bis Ende vom Saal aus gesehen hat. Ein Vorzug, um den mich einige aus der Abteilung »Härtefans« sogar beneiden. Witzigerweise geht es den Musikern nicht anders. Der »Major« träumt zum Beispiel schon seit Jahren davon, ein einziges Mal BAP vom Saal aus sehen zu können. Er hätte sich selbst einmal gerne erlebt.

Hans »Fonz« Wollrath, »BAP övver BAP«, 1983

»Major«, was ich an deinem Gitarrenstil gut finde, ist, daß du nicht wie viele Gitarristen nach der Devise lebst »keiner ist schneller, das ist mein Gesetz.«

Das ist bestimmt eine Frage des Selbstvertrauens. Ich hatte auch mal so 'ne Phase, wo ich tierisch gejagt habe. Eines Tages war ich dann genauso schnell wie Al Di Meola, und dann habe ich mir gesagt, so Junge, das kannst du jetzt, das brauchst du dir in Zukunft nicht mehr zu beweisen und jetzt setz dich hin und spiel so, wie es für dieses Stück richtig ist. Spiel nur das, was dahinpaßt, und nicht das, was du darüber hinaus noch kannst. Ich habe das auch mitgemacht, als ich so 16 oder 17 Jahre alt war, da gab es hier in der Stadt echte Weltmeisterschaften unter den Gitarristen, nach dem Motto »auf die Plätze... fertig... los!«, jeder wollte der Schnellste sein.

Klaus »Major« Heuser, Fachblatt Musikmagazin 12/1982

Ich habe noch nie in meinem Leben auf der Elektrogitarre, sondern immer nur auf Klassikgitarren geübt. Das allerdings sehr intensiv. Bis kurz vor dem Abitur habe ich täglich vier Stunden auf der klassischen Gitarre geübt. Wie das eben so läuft – wenn du da einen Tag aussetzt, bist du direkt wieder draußen. Das ist echt gemein an der Klassik. Und danach bin ich dann zu meiner Band in den Keller gegangen, und wir haben »gesägt«.

Klaus »Major« Heuser, Fachblatt Musikmagazin 12/1982

Über Herrn Büchel gibt es außer Spezial-Informationen in Keyboard-Magazinen nicht allzuviel Lesestoff. Daher unsere Frage, wie er seinen Stellenwert bei der Firma BAP sieht?

Schwierige Frage für mich, da ich mich definitiv nicht zur Dreier-Sturmkette zähle, obwohl ich ja schon seit 17 Jahren mitmische. Aber ich bevorzuge die Position im Hintergrund und schaffe Freiräume für die Jungs vorne im Rampenlicht. Ich komponiere auch viel, nicht unbedingt immer alleine, sondern lieber mit einem Partner.

Axel »Effendi« Büchel, Das neue Fachblatt Musiker Szene 2/1999

Es würde mich persönlich schon reizen, einmal mit elektronischen Drums zu arbeiten, aber das wäre bei BAP wohl etwas fehl am Platz, dagegen sträuben sich die anderen auch mit Händen und Füßen. Die stehen eben total auf das »Bio-Schlagzeug«, auf den natürlichen Sound.

Jan Dix, Fachblatt Musikmagazin 2/1985

Meiner Ansicht nach besteht die Funktion des Schlagzeugs darin, gemeinsam mit dem Baß dem Song den entsprechenden Boden zu geben. Wenn ich spiele, spiele ich songdienlich, und das war's. Niemanden interessiert es, wie viele Noten du in einem Takt unterbringen kannst. Der Song ist das Wichtigste, erst dann kommt das Handwerk am Instrument. Musik ist ein reines Kommunikationsmedium. Die Leute kommen zu deinem Konzert, und du gibst ihnen was. Sie gehen raus und haben einen guten Abend, das ist es, das ist die Essenz von Musik.

Jürgen Zöller, Sticks 3/1997

Ich sehe mich eher als Co-Writer, Arrangeur und Produzent, was hier [bei BAP] sehr gut angenommen wird. Das Baß-Spiel ist natürlich kein unwichtiger Aspekt, aber im Prinzip geht es mir immer um den Song, die Komposition und den Sound. Genauso arbeiten alle anderen – bei uns ergänzt sich das wirklich optimal.

Werner Kopal, Das neue Fachblatt Musiker Szene 2/1999

Du bist einer der wenigen Techniker in Deutschland, der festes Mitglied in einer Band ist. Wie kam es zu dieser Konstellation?

Ich hatte schon mal als Roadie gearbeitet und jobbte zufällig in der Firma, die dem Vater des damaligen Keyboarders von BAP gehörte. Der fragte mich dann, ob ich nicht in seiner Band als Techniker arbeiten wolle, und man traf sich auf ein Bier, um die Sache genauer zu besprechen. Irgendwie hatten alle anderen noch weniger Ahnung als ich – und daher bekam ich diesen Job. Später habe ich mal erfahren, daß alle dachten, ich hätte Physik studiert und wäre ein Kenner der Materie. Das war jedoch vollkommener Blödsinn, denn ich habe mir all meine Kenntnisse als Autodidakt selbst draufgeschafft.

Das erklärt jedoch noch nicht deine Bandmitgliedschaft.

In gewisser Weise schon, da im Prinzip alles geteilt und die Einnahmen investiert wurden, so daß alle mehr oder weniger von der Hand in den Mund lebten. Ich gehörte dann einfach dazu, und darüber wurde auch nie wieder geredet. Alle haben mir vertraut und ich der Band, ich bin mit ihnen gewachsen. Es ist ähnlich wie bei Pur, deren Crew auch bis heute nahezu identisch ist, wo Leute einfach mit der Band gewachsen sind und weiter mitarbeiten. So richtig erklären kann man es nicht, da es kaum vergleichbare Typen wie mich gibt, die immer mit ein- und derselben Band gearbeitet haben.

Hans »Fonz« Wollrath, Das neue Fachblatt
Musiker Szene 2/1999

Wie definierst du Groove?

Einfach mit einem Blick auf den Zuhörer, egal, ob im Konzert, im Regieraum oder beim Hören der CD mit Freunden und Bekannten. Wenn die mit dem Fuß wippen, anfangen zu tanzen und entsprechende Reaktionen zeigen, ist der Groove halt da. Wenn nichts Entsprechendes passiert, sollte man sich etwas einfallen lassen. Aber im Prinzip ist die BAP-Rhythmusgruppe mit Jürgen und mir ein eingespieltes Groove-Team mit blindem Verständnis. Das muß dann auch nicht immer ultrakompliziert sein, sondern einfach nur geradeaus klingen und dich aus dem Sessel auf die Tanzfläche locken, das reicht schon.

Werner Kopal, Das neue Fachblatt Musiker Szene 2/1999

Beim Werner und mir war schon immer diese Magie da, das blinde Verständnis zwischen Baß und Schlagzeug. Selbst wenn wir uns einige Wochen nicht sehen, stimmt nach Sekunden einfach alles – und der Groove geht ab. Genau das ist der wichtige Aspekt, den jede Band berücksichtigen sollte. Egal, wie gut die Front-Mannschaft auch ist, wenn es hinten nicht groovt, kannst du alles gleich vergessen.

Jürgen Zöller, Das neue Fachblatt Musiker Szene 2/1999

Für mich war BAP schon Kult, als ich noch im Osten gelebt habe. Köln war für mich die Stadt, wo ich musikalisch arbeiten wollte. Daß ich ausgerechnet bei BAP lande, hätte ich mir nie träumen lassen. Die andere Geschichte, die mich schon immer faszinierte, waren die Texte von Wolfgang. Dazu kann man bestimmte Bilder assoziieren, und ich kenne niemanden, der noch solche Texte schreibt. Mit diesen Musikern zu arbeiten ist für mich immer noch ein Privileg. Ich habe ja zuerst in der *Leoparde-fell*-Band gespielt und bin später zu BAP gekommen. Der Leo war für mich der Einstieg in die Bundesliga – ich konnte endlich all das machen, was mir musikalisch vorschwebte.

Ich habe im Osten bei Zebra und Pankow gespielt, hatte eine Musikausbildung mit Abschluß für Gitarre und Saxophon und war sozusagen amtlicher Profi. Da mich die DDR jedoch zu sehr einengte, bin ich einige Monate vor dem Mauerfall in den Westen gekommen, eigentlich so ins Blaue hinein nach Köln gegangen und hatte nach einer gewissen Durststrecke und der Erfahrung, daß auch in Köln viele Spinner leben, meine erste Band mit Viva la Diva. Über diese Musiker habe ich viele weitere Beziehungen knüpfen können und arbeite auch seit damals mit Werner Kopal an diversen Produktionen. Dann habe ich mit Guildo Horn gearbeitet, werde nach Möglichkeit im nächsten Jahr auch mit Guildo in dessen neuer Band touren.

Jens Streifling, Das neue Fachblatt Musiker Szene 2/1999

Man kann nicht einfach hingehen und sagen: Rockmusik ist Rockmusik. Deutschsprachiger Rock ist zwangsläufig eine andere Art von Rock, das ist eine deutsche Stilart, das liegt an der Mentalität und am Klang der Sprache. Wenn ich in Kalifornien sitze, mach ich andere Musik als in Leverkusen gegenüber vom Bayer-Werk. Die Musik ist nicht besser oder schlechter, sondern anders.

Klaus »Major« Heuser, Stuttgart Live 11/1988

In einer Besprechung der neuen BAP-CD [»Pik Sibbe«] lese ich:
»Gesellschaftskritik auf dem Niveau eines SPD-Ortsvereins vermischt sich mit Musik, zu der der weiße Mann immer greift, wenn er nicht mehr weiter weiß.«

So etwas trifft mich nicht mehr. Ich tu mir das natürlich rein und überlege, was da dran ist – klar, denn ich bin ja kritikfähig. Aber erstens bin ich in keinem SPD-Ortsverein – ich werde den Teufel tun, mich irgendeiner Parteiraison anzuhängen. Und zweitens nervt mich dieser ewige blöde Vorwurf, daß man mit einer Musik umgeht, die mittlerweile zu einer Weltmusik geworden ist. Soll ich's denn zu einem Schuhplattler singen, bloß weil wir in Deutschland sind?

Wolfgang Niedecken, Badische Zeitung, 25. September 1993

Ich glaube, daß ein Haufen Leute Kritiken unter einem unheimlichen Zeitdruck schreibt. Und die haben ein Klischee im Kopf, das immer wieder fortgeschrieben wird. Wozu mache ich aber Musik? Um die Erwartungen irgendwelcher Leute zu erfüllen, oder um das auszudrücken, was mich brennend interessiert?

Wolfgang Niedecken, Lüner Anzeiger, 29. Januar 1997

Wir haben einfach immer das gemacht, was uns gerade gefiel, und eben nicht, was irgendwelche Kritiker von uns erwartet haben.

Klaus »Major« Heuser, Schwäbische Zeitung,
3. September 1996

So exotische Ausflüge nach China oder Rußland genehmigen wir uns zwar mal, wir kommen aber eher ungerufen dahin. Aber mit der universellen Sprache Rock'n'Roll kriegt man das hin. (…)
Der Erfolg mag damit zusammenhängen, daß die Leute einfach spüren, daß wir das, was wir machen, sowieso machen, egal, ob da jetzt viele kommen oder wenige, und daß das eine innere Notwendigkeit hat. Ich glaube, daß man instinktiv merkt, wenn etwas aufgesetzt ist. Das hat jetzt nicht mal was mit Qualität zu tun. Du kannst den letzten Müll mit Überzeugung machen. (…)
Das ist ja das Schöne bei der Rockerei, daß diese bürgerlichen Bewertungskriterien wie »Kunst kommt von Können« eigentlich gar keine Rolle mehr spielen. Jemand wie Lou Reed, Bob

Dylan oder Patti Smith, die ja nun alle keine schönen Stimmen haben, würde sonst niemals auf die Bühne kommen.
Wolfgang Niedecken, Der Neue Tag, 8. September 1996

Wie würdest du Rockmusik definieren?

Als Volksmusik. Auch heute noch. Die ganzen Supergruppen der Siebziger, die einen Wahnsinnsaufwand betrieben, haben der Entwicklung mehr geschadet als genützt. Ich bin kein New-Wave-Fan, aber auch keiner, der auf Yes beziehungsweise Genesis steht. Es gab mehrere Jahre, in denen kein Lehrling unbefangen zur Gitarre greifen konnte, um seinen Frust rauszukotzen. Wie lange war es beispielsweise verpönt, Stones oder Kinks zu hören? Das war mir damals driss egal und ist es mir heute natürlich immer noch.
Wolfgang Niedecken, »Kölsch Rock. Die erste Dokumentation über die Kölner Szene«, 1981

Für mich unterteilt sich Musik in gute und schlechte und nicht in Stilistiken.
Klaus »Major« Heuser, Das neue Fachblatt Musiker Szene 2/1999

Als wir in den Siebzigern anfingen, war an die heute gängigen musikalischen Ausdrucksformen der Jugendlichen, eben Techno, Rap und so was, nicht zu denken. Unsere Musik ist heute fast antiquiert. Rock ist längst zu einer Art Volksmusik geworden und wird heute eher für Erwachsene gemacht.
Klaus »Major« Heuser, Blitz 10/1996

Wie kann man heute noch darüber diskutieren, ob man als Europäer anglo-amerikanische Rockmusik machen darf? Das ist doch die Weltmusik. Die fällt doch sogar aus jedem Lautsprecher der Dritten Welt.
Wolfgang Niedecken, Die Woche, 3. März 1995

*Wie stehst du heute zur Quotendiskussion um deutschsprachige
Rockmusik im Radio, die 1996 für Furore sorgte?*

Oh Mann, ja. Das Ganze ist nicht auf meinem Mist gewachsen,
sondern wurde an mich herangetragen – und wurde dann von
der Presse mächtig aufgebauscht.

*Aber du hast den Aufruf unterschrieben. Dein Kollege Heinz Ru-
dolf Kunze forderte gar eine Quote von 40 Prozent deutscher
Musik.*

Deutsche, nicht deutschsprachige. Das hat nichts mit Deutsch-
tümelei zu tun, wie dann von den Linken prompt vermutet wurde. Es gibt Unmengen guter Musiker im Land, egal ob sie nun in
Kisuaheli, Englisch, Deutsch oder einfach nur instrumental auftreten. Das Radio ist ein ideales Forum für junge Bands, doch
das Formatradio spielt nur, was kommerziellen Erfolg verspricht.
Und weil das im Moment offensichtlich nur anglo-amerikanische Acts sind, hat deutsche Rockmusik prinzipiell schon mal
kaum eine Chance.
  Radio als Werkzeug des amerikanischen Kulturimperialismus?
Ich plädiere einfach dafür, aus der Norm auszubrechen und vielleicht auch was aus deutschen Landen zu wagen. Daß das geht,
haben doch zuletzt die Guano Apes bewiesen.
  Wolfgang Niedecken, Musikexpress/Sounds 2/1999

Viele deutsche Musiker haben mit Viva große Erwartungen verbunden. Aber wir sind enttäuscht worden, da dieser Sender kon-
sequent für die Zahnspangengeneration gemacht wird.
  Wolfgang Niedecken, Bild am Sonntag, 24. Januar 1999

Du kannst nicht ständig zweimal die Westfalenhalle ausverkauft
haben, das ist auch kein Kriterium für Qualität, sondern wäre
abhängig von einem Radiohit. Aber, mal ehrlich, einen Hit kriegst

du in dieser verkackten Radiolandschaft nur noch, wenn du Auszählreime machst und alles formatierst. Dazu bin ich aber nie angetreten.
Wolfgang Niedecken, Lüner Anzeiger, 29. Januar 1997

Wenn ich ernstlich Bock hätte, mir viele bunte Brillen und bunte Autos zuzulegen, ich würde es tun. Aber ich brauche so was nicht. Zufälligerweise brauche ich das nicht, aber ich würde mir keinen Zwang antun, nur weil ein paar Leute partout angelogen werden wollen.
Wolfgang Niedecken, Fachblatt Musikmagazin 3/1986

Bei dieser »Rockpop in Concert«-Nacht in Dortmund paßten wir eigentlich überhaupt nicht rein. Von ihrer Grundstruktur und ihrem Styling war da doch eine Band wie die andere. Und bei uns war alles ganz normal: Straßenklamotten, weil wir uns nie darüber Gedanken gemacht hatten.
Wolfgang Niedecken, Musikexpress/Sounds 3/1986

Ich hätt gern ein paar Haare mehr. Bei uns fällt das mit der Äußerlichkeit vielleicht nicht so auf, weil wir sieben Mann sind – und jeder anders ist. Unser Schlagzeuger und ich, da liegen halt Welten dazwischen. Und zwischen Wolfgang und unserem Bassisten liegen wieder ganz andere Welten. Steve findet es halt immer noch toll, mit zerschlissenen Jeans auf der Bühne zu stehen. Das ist jetzt einfach nicht mehr mein Ding, ich steh jetzt auf diese modischen weiten Hosen. Ich richte mich halt nach meinem Geschmack – und der Wolfgang nach seinem. Genauso, wie ich mir gern die Augen schminke. Und wenn ich die tolle Matte hätte, dann hätte ich auch so 'ne Frisur wie Duran Duran, tierisch, da steh ich drauf.
Klaus »Major« Heuser, Musikexpress/Sounds 3/1986

Stell dir vor, wir hätten zu Hause einen Generalplan liegen und uns überlegt: Wir machen den Stefan als Hippie und den nächsten als Punk und den als Süßen…
Wolfgang Niedecken, Musikexpress/Sounds 3/1986

Böse Zungen behaupten ja, daß wir uns da eine ungeheure Marktstrategie zurechtgefummelt hätten, daß wir uns da die Marktlücke »Jungs von nebenan« ausgesucht hätten. Wenn jemand das gekünstelt so durchziehen wollte, wie es bei uns von selbst läuft, würde es für denjenigen eine schier unfaßbare Anstrengung bedeuten. Entweder du bess dat, oder du bess dat nit.
Wolfgang Niedecken, Musikexpress/Sounds 9/1983

Es ist einfach unbegreiflich, was da passiert. Aber irgend etwas muß dran sein, wat die Leute so anmacht. Auch daß die dermaßen auf die Texte einsteigen. Da frag ich auf der Straße irgendwo 'n Typ nach dem Weg. Der versteht mich nit, ich versteh ihn nit, und nachher ist die Halle rappelvoll und alles singt Zeile für Zeile mit. Ich weeß nit, wie die dat mache.
Wolfgang Niedecken, Musik Szene 6/1983

Ich habe keinen Grund zum Jammern und finde es immer noch nicht selbstverständlich, wenn in Zürich 10 000 unsere Texte auf Kölsch mitsingen.
Wolfgang Niedecken, Frankfurter Rundschau, 19. März 1994

Man kann vielleicht sagen, daß wir insgesamt erwachsener geworden sind. Es läuft keiner mehr mit dem Knüppel und dem Holzhammer in der Hand rum und läßt knappe Sprüche ab. Es ist alles eine Spur reifer geworden, aber daß das nun unpolitisch sein soll, ist Unsinn.
Wolfgang Niedecken, Lüner Anzeiger, 29. Januar 1997

Ich hab keine Ausbildung. Abi, Zivildienst, BAP.
Klaus »Major« Heuser, taz, 30. August 1996

Ich habe 16 Hüte. Klare Macke von mir. Bei manchen Gigs spiele ich aber ohne. Damit ich nicht allzusehr als Fetischist dastehe.
Klaus »Major« Heuser, B.Z., 30. August 1996

Ich fühle mich ein bißchen zu alt für einen Spitznamen.
Klaus »Major« Heuser, Kölner Stadt-Anzeiger, 1. März 1994

Ich bin zu unscheinbar. Ich habe mal mit Lindenberg und Grönemeyer am Flughafen gewartet. Als die Presse kam, stürzten sie sich sofort auf die beiden, von mir nahmen sie kaum Notiz – das ist ein großer Vorteil.
Wolfgang Niedecken, Frankfurter Rundschau, 28. August 1993

Dieser BAP-Mythos von »ein Herz und eine Seele« stimmt nicht, hat nie gestimmt. Das ist einem vielleicht nicht von vornherein bewußt gewesen, aber die Erkenntnis dämmerte bereits, als das BAP-Buch [*BAP övver BAP*] von uns erschien. Da zeichnete sich bereits ab, daß dieses totale Wir-Gefühl, das da zum Ausdruck kam, eher Wunsch als Wirklichkeit war. Und wir werden in Zukunft noch stärker darauf verzichten, den Leuten in der Richtung was vorzumachen.
Wolfgang Niedecken, Fachblatt Musikmagazin 3/1986

Die Ursache des BAP-Erfolgs ist wohl das Image der Band, dieser »Sieben-Zwerge-Mythos« – alle essen aus einem Näpfchen und schlafen in einem Bettchen. Für unser Publikum sind wir immer so'n Ding zum Projizieren gewesen, so 'ne Band, wie die Leute sie sich immer gewünscht haben.
Wolfgang Niedecken, Die Zeit, 28. August 1987

Ehrlich, ich kann es irgendwie nicht mehr sehen, diese ehrliche Ecke und ihre ehrlichen Vertreter, die die ehrliche Marktlücke gefunden haben.
Wolfgang Niedecken, Fachblatt Musikmagazin 3/1986

BAP ist eine Rock'n'Roll-Kapelle, sogar eine sehr »klassische«. Wir haben unsere Wurzeln da, wo auch Bands wie Pearl Jam und Nirvana ihre haben.
Wolfgang Niedecken, Rheinbote, 27. November 1996

Wiederholung ist der Tod.
Wolfgang Niedecken, FAZ-Magazin, 28. August 1987

Du bist neben Lindenberg, Grönemeyer und Westernhagen einer der wenigen großen deutschen Musikstars. Wie geht man damit um?

Ich laufe ja nicht den ganzen Tag rum und denke: »Ich bin dieser Typ.« Ich rasiere einen ganz normalen Familienvater, verstehst du?
Wolfgang Niedecken, Rheinbote, 27. November 1996

Jede BAP-Platte spiegelt immer noch sehr genau den Zustand der Gruppe. Wenn wir ganz grau drauf sind, wird es grau.
Wolfgang Niedecken, FAZ-Magazin, 28. August 1987

Ich hoffe, daß ich weiterhin von dem leben kann, was ich mit Einzelauftritten reinhole. Von der Band kann ich nicht leben, das kann keiner von uns.
Wolfgang Niedecken, »Kölsch Rock. Die erste Dokumentation über die Kölner Szene«, 1981

Wir verdienen nicht mehr als jeder Büromensch.
Wolfgang Niedecken, Kölner Stadt-Anzeiger, 3. Juli 1982

Gibt's eigentlich noch den gemeinsamen Geldtopf?

So kann man das nicht mehr nennen. Der Beitrag des einzelnen zu einem Song wurde einfach zu unterschiedlich. Die Situation wurde vor allem für den »Major« untragbar. Wir haben heute eine gerechtere Lösung, die auf die Dauer zufriedenstellend ist.
Wolfgang Niedecken, Fachblatt Musikmagazin 3/1986

Bist du mittlerweile Millionär?

Ich weiß es nicht, da mußt du mal den Balou (BAP-Roadmanager und mehr als das – Red.) fragen. Ich weiß es nicht, aber es wird natürlich in nächster Zeit eine Menge Geld auf mich zukommen.

Ihr habt mal gesagt, daß ihr im August '81 zum ersten Mal fest 1000 Mark pro Kopf und Monat bekommen habt. Das dürfte doch jetzt viel mehr sein.

Wir zahlen uns im Moment 2000 Mark pro Monat aus.

Das scheint mir relativ wenig zu sein...

Die Tantiemenabrechnung wird natürlich extra gemacht. Diese 2000 Mark sind über den Daumen gepeilt, die Summe, die der Balou jedem von uns pro Monat an irgendeiner Stelle mal ausklinkt.

Ich hake deshalb nach, weil das bei über zwei Millionen verkaufter LPs kaum zu glauben ist.

Die Kohle von den Tantiemen ist noch lange nicht da, bis jetzt haben wir nur einen Bruchteil von dem, was wir noch kriegen

werden. Wenn das kommt, werden wir das teilen, und jeder wird sich die Sachen, die er haben will, kaufen.
Wolfgang Niedecken, Musikexpress/Sounds 3/1983

Was bedeutet dir Geld?

Es ist klasse, wenn du welches hast, und wenn du keins hast, mußt du dich darum kümmern. Früher hatte ich diese Maßeinheit, du mußt 3000 Mark auf der Bank haben, dann ist alles in Butter. Jetzt hat sich das verändert. Ich kümmere mich überhaupt nicht um Geld. Gott sei Dank macht das meine Frau. Ich kann dir nicht sagen, wieviel ich habe, was ich überhaupt in der Tasche habe, was ich besitze, ich weiß es nicht, es interessiert mich auch nicht. Sobald ich anfange, darüber nachzudenken, werde ich schon wieder nervös und fange an zu rechnen, wie viele Leute ich zu ernähren habe. Ob das ausreicht über all die Zeit, und das nimmt dir im Kopf soviel an Kreativität weg, daß es sich einfach nicht lohnt. Für Geld habe ich mich nie interessiert und bin zum Glück damit noch nicht auf die Schnauze gefallen. Ich hänge nicht an Statussymbolen und nicht an Äußerlichkeiten, lebe mein eigenes Leben und muß mir erfreulicherweise über Kohle keine Gedanken machen. Früher – als Maler – hat mich der Gedanke, wie komme ich an mein Existenzminimum, schon wahnsinnig gemacht.
Wolfgang Niedecken, Das neue Fachblatt Musiker Szene 2/1999

Wir verheimlichen nichts, auch keine Fehler. Da kann der Markt zehnmal schreien, er möchte ein positives Lebensgefühl.
Wolfgang Niedecken, FAZ-Magazin, 28. August 1987

Zur Ehrlichkeit gehört auch, bei aller Mühe, die ich mir in Gesprächen mit den Fans gebe, daß ich sagen können muß: Leute, ich kann nicht immer und pausenlos euer, äh, Objekt sein. Akzeptiert deshalb auch, das fällt mir gerade als Beispiel ein, daß der Daniel eure Fanpost bearbeitet. Wir haben nicht nur gegenüber unseren Fans eine Verantwortung, ich nenn das mal so, sondern auch gegenüber unseren Frauen, Freundinnen und Kindern.

Wolfgang Niedecken, Fachblatt Musikmagazin 3/1986

»Schmal« und ich haben Kunst studiert und zusammengewohnt, gemalt und schon mal ein Lied gemacht. Daraus wurde per Zufall eine Band. Und die blieb bestehen, nicht zuletzt, weil man mit Musik mehr Leute erreicht als mit Malerei.

Wolfgang Niedecken, Kölner Stadt-Anzeiger, 3. Juli 1982

Die letzte Frage hast du dir im Song »Verdamp lang her« von deinem Vater selbst stellen lassen: Bist du da angelangt, wo du hingewollt hast?

Ich hab da nie hingewollt, ich hab davon noch nicht mal zu träumen gewagt. Und ich hab da jetzt eigentlich immer noch keine Ziele. Was ich sehr gern möchte, ist, einfach immer weiter locker Sachen machen zu können, ohne daß irgendwelche Zwänge dahinterstehen. Ich glaube, ich werde auch aufhören, wenn ich merke, es kommt nichts mehr.

Wolfgang Niedecken, Musikexpress/Sounds 3/1983

Ich bin kein Berufsjugendlicher. Wir sehen, daß die Schläfen grau werden, daß ich mitunter auch Herr der Ringe bin – ich habe da kein Problem mit. Solange ich mich nicht quälen muß, solange es Spaß macht, werde ich mit einer Band auf der Bühne stehen – und die wird mit ziemlicher Sicherheit BAP heißen.

Wolfgang Niedecken, AP, 27. Januar 1999

Kölsch statt Cockney

W ären wir Londoner, hieße unsere Sprache Cockney. Nun sind wir aber Kölner, und da machen wir's halt auf Kölsch.
Wolfgang Niedecken, Der Spiegel, *4. August 1980*

Wenn ich hochdeutsch singe, wirkt das unfreiwillig komisch.
Wolfgang Niedecken, Zug 11/1996

Anscheinend fühle ich auf kölsch. Wobei es sehr wichtig ist, zu wissen, daß dieses Kölsch mein ganz persönliches Kölsch ist. Es setzt sich aus drei Slangs zusammen: Erstens aus dem Siebenge-birgs-Rheinisch meines Vaters, zweitens aus dem Eifeler-Platt aus der Internatszeit und drittens natürlich aus dem »richtigen« Südstadt-Kölsch. Deshalb haben die Mundartpflege-Vereine auch einen ziemlichen Hals auf mich, daß ausgerechnet dieses »Ba-stard«-Kölsch so die Runde macht.
Wolfgang Niedecken, »Auskunft«, 1990

Mundart war immer da. Sie ist nur aus kommerziellen Gründen zur volkstümlichen Schmusewolle degradiert worden. Irgend-einer hat damit angefangen, und schon standen die Klischee-Schubladen auf. Seitdem wird fleißig reingesprungen. Wer ein-mal drin ist, hat drin zu bleiben. Nehmen wir zum Beispiel »Wie-ner Schublade« – dekadent, elegant, gebildet; im Gegensatz zur kölschen: Lustig, bier- und weinselig, gemütlich und doof – auf Tünnes und Schäl reduziert. Millowitsch – das ist Tünnes und Schäl in Personalunion. Wir sind nun mal zufällig Kölner und betrachten Köln als eine Stadt wie jede andere. Wir sind keine unheimlichen Mundartfans und schmunzeln gerne, sondern: Ich liebe die kölsche Sprache noch nicht einmal besonders, ich benutze sie nur deshalb, weil sie leichter aus mir rausfließt als Hochdeutsch. Vielleicht bin ich nur zu faul, mich anständig auszudrücken.

Wolfgang Niedecken, Stadtrevue, November 1979

Kölsch ist die Sprache, die wir täglich reden, und ich wüßte nicht, warum ich, gerade wenn ich singe, also meine Gefühle ausdrükke, eine andere Sprache nehmen soll. Überhaupt finde ich, man sollte, wenn man kulturell was macht, die Ausdrucksmittel wählen, die die Leute verstehen, und das ist in unserem Fall eben Kölsch.

Wolfgang Niedecken, Kölner Volksblatt, 16. November 1979

Du kannst dich einerseits mit den Texten beschäftigen, sie ins Hochdeutsche übersetzen, sie andererseits aber auch wie eine Fremdsprache hören und dich ganz auf die Musik konzentrieren.

Wolfgang Niedecken, Musikexpress/Sounds 2/1999

Die anderen müssen nur auch mal Dialekt singen. Ich warte eigentlich nur darauf, daß die erste Platte auf Sächsisch erscheint.

Wolfgang Niedecken, Concerts 5/1991

Holland hörte Kölsch, Belgien hörte Kölsch, Luxemburg hörte Kölsch, Österreich hörte Kölsch. Und die Schweiz hörte Kölsch. Dabei dachten wir, südlich von Koblenz und nördlich von Duisburg verstünde kein Schwein mehr die Texte. Wir kapierten selbst nicht mehr so richtig, was da abging.

Wolfgang Niedecken, »Auskunft«, 1990

Kölsch ist eine Proletensprache, und Rock'n'Roll ist eine Proletenmusik. Kölsch ist deshalb für mich die einzig machbare Sprache dafür. Ich denke nicht englisch, ich denke und lebe kölsch. Und dafür werde ich mich nicht mehr entschuldigen.
Wolfgang Niedecken, Hannoversche
Allgemeine Zeitung, 18. Mai 1995

Ich muß um die Ecke denken, wenn ich Hochdeutsch spreche.
Wolfgang Niedecken, Subway 5/1995

Kölsch ist wie alle anderen Dialekte eine gewachsene, gelebte Sprache, während Hochdeutsch ja Konvention ist. Wer kann schon in einer Amtssprache Gefühle ausdrücken?
Wolfgang Niedecken, taz, 28. Februar 1995

Kölsch ist geschmeidig.
Wolfgang Niedecken, Frankfurter
Allgemeine Zeitung, 17. Mai 1995

Wollt ihr nicht mal hochdeutsch singen?

Das würde bestimmt in die Hose gehen. Kölsch ist einfach unsere Sprache. Kölner Bands leiden sowieso genug unter BAP. Ich weiß auch nicht, woran das liegt, daß Gruppen wie Brings nicht die Beachtung finden, die sie verdienen. In Köln gibt's musikalisch noch einiges zu entdecken.
Klaus » Major« Heuser, Frankfurter
Neue Presse, 23. September 1996

Die Leute haben bei meinen Platten, wie beim Englischen, den »Apparat« benutzt. Sie haben sich die Texte erarbeiten können, auch wenn sie nichts verstanden haben.
Wolfgang Niedecken, EB Musikmagazin, Mai/Juni 1995

Von unserem Kölsch versteht man doch in jedem Fall mehr als vom Gesang einer englischen Gruppe.
Wolfgang Niedecken, Kölner Stadt-Anzeiger, 3. Juli 1982

Nach dem zweiten Stück ruft jetzt meist niemand mehr »Kamelle«. Bajuwaren und Ostfriesen akzeptieren unsere Lyrik. Im übrigen singen wir ja auch nicht im klassischen Kölsch – im Sinne von Mundartpflege.
Wolfgang Niedecken, Kölnische Rundschau, 17. April 1982

Es gab zwischendurch in Köln sogar Eifersüchteleien nach dem Motto: »Das ist ja gar nicht unsere Band, die spielen ja auch in München oder in Berlin.« Lokalhelden sind eher die Bläck Fööss, die sind der kölschen Seele viel mehr Balsam als wir.
Wolfgang Niedecken, Bremer 12/1996

Sie haben bei einem früheren Gespräch betont, daß Sie sich nicht als Deutscher, sondern als Weltbürger fühlen. Dennoch sind Ihre Texte auf Kölsch geschrieben und beziehen sich auf lokale Kölner Gegebenheiten. Ist das nicht ein Widerspruch?

Wir haben als Kölner Band angefangen und nie daran gedacht, daß wir aus dem Bereich überhaupt rauskommen. Daß das dann so große Kreise zieht, war überhaupt nicht geplant. Das hat sich einfach so ergeben. Warum sollst du dann so tun, als ob du aus London oder New York kämst.
Wolfgang Niedecken, Mannheimer Morgen, 4. September 1993

Was ich bei BAP gut finde, ist eben gerade das Kölsche. Es läßt sich leichter singen und ist viel direkter. Es »klingt« halt. Hochdeutsch hat da immer etwas Steifes oder Plattes. Der einzige, der es geschafft hat, ist Udo Lindenberg. Er brachte der Sprache den richtigen Charme bei und die entsprechende Persönlichkeit rüber.
Jürgen Zöller, Sticks 3/1997

Außer mir und dem »Schmal« spricht keiner bei BAP richtig Kölsch, denn was die anderen draufhaben, ist bestenfalls angerheinigtes Hochdeutsch.

Wolfgang Niedecken, Audio 3/1986

An der Volkshochschule dienen eure Texte als Diskussionsgrundlage. Wie findest du das?

Gut, wenn sie richtig interpretiert werden und kein Mundart-Förderungskurs daraus gemacht wird.

Wolfgang Niedecken, Kölner Express, 28. Juli 1983

Das Schwierigste bei deutscher Musik ist für mich die deutsche Sprache.

Jürgen Zöller, Sticks 3/1997

Ich selbst könnte auch mit Englisch leben.

Klaus »Major« Heuser, Blitz 10/1996

Südstadt

M it Südstadtromantik hat meine Verwurzelung in Köln nichts zu tun. Der Begriff nervt mich ganz ungeheuer! Schließlich bin ich in den Trümmern hier aufgewachsen. Bei jedem Haus weiß ich noch, wie die Ecke als Baulücke ausgesehen hat – und vorher sogar noch als Trümmergrundstück. Auch die spätere Sanierung habe ich sehr bewußt miterlebt.

Wolfgang Niedecken, Rheinische Post, 6. Oktober 1990

Das Wesentliche an der Südstadt ist für mich, daß ich hier das Gefühl habe, absolut nichts Besonderes zu sein. Die Leute akzeptieren das, was mit BAP in den letzten Jahren passiert ist, und es gibt überhaupt keinen Auflauf, wenn ich hier über die Straße gehe. Ich habe das Gefühl, daß uns die meisten Leute diese ganze Geschichte schlicht gönnen.

Für mich ist es einfach ein unheimlich schönes Gefühl, in einem Stadtviertel richtig gut existieren zu können, die Leute zu kennen – und aus diesem Umfeld Dinge schöpfen zu können, die wiederum andere Leute interessieren. Ich glaube, wenn sich jemand unsere Stücke anhört, dann kann er vieles von dem, was darin vorkommt, auf seine Situation übertragen.

Wolfgang Niedecken, Musikexpress/Sounds 9/1983

Ich stamme aus sogenannten gesicherten und wohlhabenden Verhältnissen. Mein Vater war ein vielbeschäftigter Architekt. Materielle Sorgen brauchte ich mir nie zu machen, und dementsprechend wuchs ich auf. Wohlbehütet und gut erzogen suchte ich meinen Weg ins Ungewisse, um ein Rockmusiker zu werden, und das praktisch gegen alle, die immer nur das Beste für mich wollten. Behilflich waren mir bei dieser geheimen Operation mein Ehrgeiz, meine Suche nach Anerkennung und mein Bruder, der mich von Anfang an in meinen Plänen unterstützte, indem er mir von seinem Taschengeld Noten kaufte, mich seine Platten ruinieren ließ bei meinen tagelangen Versuchen, sie Stück für Stück nachzuspielen, und der mir immer wieder das Gefühl gab, daß alles nur eine Frage der Zeit sei, bis ich es schaffe.

Ich spielte, weil ich ein Star werden wollte und um meinem Vater, der immer behauptete, daß man vom Gitarrespielen niemals leben könnte, das Gegenteil zu beweisen.

Klaus »Major« Heuser , »BAP övver BAP«, 1983

Natürlich habe ich auch 'ne besondere Beziehung zur Südstadt. Ich bin jetzt 26 Jahre und wohne seit drei Jahren hier. Ich muß sagen, daß das der erste Ort ist, an dem ich mich richtig zu Hause fühle. Auch wenn wir mit der Band unterwegs sind, freue ich mich jedesmal, wieder hierhin zu kommen. Wenn ich an dieser Stelle mal einen Vergleich mit meiner alten Heimat Leverkusen anstelle, muß ich sagen, daß Leverkusen dagegen komplett langweilig ist.

Klaus »Major« Heuser, Musikexpress/Sounds 9/1983

Meine katholische Erziehung hängt mir noch an – vor allem die acht Jahre in einem Internat des Pallottinerordens. Danach weißt du, wo es nicht langgeht.

Wolfgang Niedecken, Die Zeit, 28. August 1987

Was ist von deiner katholischen Erziehung geblieben?

An unangenehmen Erinnerungen die ans Beichten. Wenn ich mir das vorstelle, ich würde meine Kinder zwingen, einem erwachsenen Mann zu erzählen, was sie Verbotenes getan haben, dann wird mir schlecht. Natürlich habe ich nicht alles gesagt und dann immer den Horror gehabt: Wenn du jetzt stirbst, kommst du in die Hölle. Mit dem Bewußtsein bin ich rumgerannt, bis die Rockmusik mir ein anderes Weltbild verschafft hat. Daß man seinen Kindern so was antun kann, das finde ich unfaßbar.
Wolfgang Niedecken, »*Alles im Eimer, alles im Lot*«, *1994*

In der Volksschule war ich noch das kluge Kerlchen, im Gymnasium kriegte ich nichts mehr auf den Zettel.
Wolfgang Niedecken, FAZ-Magazin, 28. August 1987

Zahlen, Mathe. Horror! Deshalb bin ich vorm Abitur abgehauen.
Wolfgang Niedecken, FAZ-Magazin, 28. August 1987

Im Internat gab es den ersten Kick in Richtung Musik. Es war die Zeit der Beatles. Damals haben wir den ganzen Kram nachgespielt. Wir probten im Tischtennisraum. Weil keiner singen wollte, habe ich den Part übernommen.
Wolfgang Niedecken, Bild am Sonntag, 19. Februar 1995

Ich war elf, meine Eltern hatten mich katholisch erzogen. Katholizismus war für mich eine ehrliche Sache. Auf dem Internat änderte sich das schnell. Ich ging täglich durch die Gebetsmaschinerie, erlebte dabei die Patres als frustrierte Vollidioten, die nur mit Druck und Angst regierten. Danach war es mit der Kirche für mich vorbei.
Wolfgang Niedecken, Bild am Sonntag, 19. Februar 1995

Ich habe zu meinen Eltern immer ein sehr gutes Verhältnis gehabt. Aber ich war so was von verängstigt zu dieser ganz harten
Zeit [im Internat], daß ich gar nicht gewagt habe, meinen Eltern
zu sagen, was da ablief. Mein Vater hat mich irgendwann mal
zufällig nackt unter der Dusche stehen sehen und bemerkt, daß
mein ganzer Rücken rot und blau war von Stockschlägen. Ich
erzählte ihm unter großen Vorbehalten vom Internat, und dann
hat mein kleiner, grauer Vater dort wirklich den wilden Mann
rausgelassen. Da hat es nicht lange gedauert, bis dieser betref-
fende Pater blitzartig weg war.
Wolfgang Niedecken, Musikexpress/Sounds 3/1983

Das einzige, was mir seit der Volksschule wirklich Spaß machte,
das war der Mal- oder Kunstunterricht. Das war einfach toll.
Farben und Papier, und ich konnte alles um mich herum vergessen. Als ganz kleiner Junge soll ich mal einen Holztieflader gemalt haben. Angeblich absolut perfekt und voll perspektivisch.
Man konnte alle vier Räder sehen und die Schnittstellen der
Baumstämme. Sogar die Maserung war zu erkennen. Das hat
meinen Vater der Überlieferung nach total beeindruckt, und er
soll gesagt haben: »Dä määt wohl ens irjendjet met moohle.«
Wolfgang Niedecken, »Auskunft«, 1990

Ich bin im nachhinein heilfroh, für eine gewisse Zeit aus diesem
Kölner Gluckending herausgekommen zu sein. Ich weiß nicht,
was ohne Rheinbach aus mir geworden wäre. Das Internat mit
den sadistischen Patres war schon sehr hart, doch in Köln wäre
ich möglicherweise in dieser »Ponderosa«-mäßigen Familie
klebengeblieben. Aus Köln weg zu sein, mir in Rheinbach meine Hippie-Sporen zu verdienen, Freak zu werden und am Rhein-
bacher Gymnasium voll auf die Kacke zu hauen: Allein schon
von daher war Rheinbach für mich der Knaller. Wo sollte es mir
besser gehen? In einer Kleinstadt bist du nicht so lost wie hier,
dort haben die Kids mehr miteinander zu tun. Und dieses kleine

Kaff Rheinbach hatte damals, so '67/'68, mindestens fünf Bands. Unfaßbar. Und alle hatten ihr Publikum, die Scults, die Scyrapers, Goin' Sad, die Troops und noch eine. Und jede Band hatte ihren eigenen Stil – irgendwie abgeguckt.

Wolfgang Niedecken, Bonner 11/1990

Aus der Zeit in einem Internat des Pallottinerordens stammt auch mein großer Zitatenschatz. Wenn ich für irgend etwas einen Vergleich brauche, fallen mir automatisch die entsprechenden Bibelstellen ein.

Wolfgang Niedecken, Die Zeit, 28. August 1987

Ich bin bis zur Pubertät ein totales Papa-Kind gewesen. Meinen Vater, der in der Kölner Südstadt einen kleinen Gemüseladen hatte, habe ich bewundert, verehrt, geliebt – bis ich merkte, daß der Bap, dem die Gruppe ihren Namen verdankt, ein Anpasser, ein Opportunist, ein Nazi war. Dabei war er ein Seelchen von einem Mensch. An ihm reibe ich mich immer noch.

Wolfgang Niedecken, Die Zeit, 28. August 1987

Wenn es nach meinem Vater gegangen wäre, dann hätte ich Jurist und Beamter werden sollen. Aber meine Mutter wollte, daß ich das werde, was ich jetzt bin. Ich glaube es zwar nicht, aber sie meint, ich wäre die »Reinkarnation« meines Großvaters. Der war immer gutgelaunt und hat immer in der Altstadt rumgehangen. Zwei Wochen vor meiner Geburt ist er dann gestorben. Verrückt, nicht wahr?

Wolfgang Niedecken, Publik-Forum
Nummer 18, September 1986

Der Vater meiner Mutter war Kirchenmaler; der hat zwar Kirchen ausgemalt, war aber kein Katholik, der regelmäßig zur Beichte gegangen wäre. Eher ein Bohemien. Das färbte ein bißchen ab auf Mutter. Das Religiöse hat sie mitgemacht, wahrscheinlich Vater zuliebe.

Wolfgang Niedecken, »Alles im Eimer, alles im Lot«, 1994

Daß ich zur Zeit der großen Revolte und noch danach dermaßen hart mit meinem Vater ins Gericht gehen konnte, tut mir heute leid. Und was ich Vater damals alles vorgeworfen hab, Mitläuferei im Dritten Reich usw., oder wie ich ihn hab dastehen lassen meiner Mutter gegenüber. Aber es ging wohl nicht anders.

Wolfgang Niedecken, »Alles im Eimer, alles im Lot«, 1994

Im nachhinein fand mein Vater die Nazis gar nicht so schlimm. »Das mit den Juden« war alles, was er kritisierte.

Wolfgang Niedecken, taz, 19. August 1995

Nach dem Krieg bekam er dann einen Prozeß als Kriegsverlängerer angehängt. Vielleicht, weil er schon sehr früh in die NSDAP eingetreten war. Jedenfalls hat ihn das echt getroffen. Er hat sehr darunter gelitten. Er war sich keiner Schuld bewußt. Mein Vater war nun auch wirklich kein Militarist oder Erznazi. Mein Vater war ein einfacher Mann ohne Zivilcourage. Der ideale Mitläufer.

Wolfgang Niedecken, »Auskunft«, 1990

Mein persönliches Bewußtsein hat '68 angefangen, allerdings erst im nachhinein. 1968 war ich 17 und eigentlich ein Junge. Voll bewußt mitgewirkt und mitgemengt haben Leute aus der Schulklasse über mir. Ich spielte Baß in einer Band. Peter Schulte, unser Sänger, war Maoist, Leninist und alles mögliche. Er stieg bei der DKP ein und deswegen bei der Band aus, weil ihm das Popmusik-Machen und am Wochenende auf den Dörfern gute Laune verbreiten schon zu bürgerlich war. Ich hab nur durch Leute wie ihn mitgekriegt, was abging. An der Schule gab's eine Schülerzeitung, die hieß »Hexenturm« und ermunterte zur Revolte gegen Sachen, die man jahrelang mit sich hatte machen lassen. Vietnam drang an mich heran, über den Umweg meiner größeren Band-Kollegen. All das war ganz anders als das, was ich – Katholikenkind, Pfadfinder, bei Patres aufgewachsen – vorher absolut zu akzeptieren gelernt hatte. Dann stürzten die Beatles, die Stones, die Who und die Kinks in mein Leben. Das war so um '64, '65. Nachmittags spielten wir Indianer, gegen Abend Beatband, karaokemäßig: Platte aufgelegt und so getan, als ob wir das wären. Indianer und Beatles, das ging nahtlos ineinander über.

Wolfgang Niedecken, »Alles im Eimer, alles im Lot«, 1994

Bei The Troop spielte ich inzwischen Baß. Peter Schulte war unser Sänger, aber der schmiß die Sache dann irgendwann hin. Wir waren ratlos. Wer sollte jetzt singen? Niemand traute sich. Ich auch nicht. Aber einer mußte es ja machen. »Okay, dann mach ich das«, sagte ich schließlich. »Super, du bist genau der Richtige.« Die anderen waren einfach nur froh, einen Blöden gefunden zu haben.

Wolfgang Niedecken, »Auskunft«, 1990

Vun Kölle noh drusse

W ir wissen nicht so genau, wo die Geburtsstunde anzusiedeln ist. Die ersten Gehversuche im Proberaum müßten so '76, '77 gewesen sein. Die erste Platte kam dann '79. Und seit die erste Platte rausgekommen ist, lebe ich von Musik.
Wolfgang Niedecken, Stadtmagazin Augsburg 12/1988

Die Gedanken an die Rockerei hatte ich eigentlich schon längst ad acta gelegt. Was mir die Lust daran genommen hatte, war neben dem immer umfangreicher werdenden Interesse und Zeitaufwand für die Malerei zum größten Teil der verbissene Bierernst derer, die wir nur noch »Schlauheitsmusiker« nannten, ob's nun der in so ziemlich jeder Band der frühen Siebziger rumödende Jazz-Rocker oder der Stoppuhr-Gitarrist war.

Ich erinnere mich noch gut an meine letzten Versuche in so einer Band. Kein Stück unter einer Viertelstunde, von der mindestens zehn Minuten für das obligatorische, immer gleichtönende Gitarrensolo draufgingen, entweder als Frage und Antwort mit dem Bassisten, Schlagzeuger oder dem Saxophonisten oder als Steigerung angelegt und obendrein Taktwechsel an jeder passenden und unpassenden Stelle, versteht sich… Was anderes lief nicht, war verpönt. Deutsche Texte, falls überhaupt mal gesungen wurde, sowieso seit eh und je. So hatte ich 1972 schweren Herzens meine Gitarrenanlage und meine heißgeliebte weiße Fender-Telecaster verkauft (denn das Zeug stand mittlerweile sowieso fast nur noch als Staubfänger rum), nur eine akustische Gitarre für den Haus- und Fetengebrauch behalten und dieses Kapitel ein für allemal als beendet betrachtet... Basta!

Wolfgang Niedecken, »BAP övver BAP«, 1983

Dann war da »Afro« Bauermann, bekannter Maitre de plaisir, Stimmungskanone und Feten-King, der mir gegenüber auf einer der letzten Parties [im Sommer 1976] sein Bedauern darüber geäußert hatte, daß ich nicht mehr rocken wollte, er hätte nämlich gerne auf seinen Congas mal mitgespielt... Und daß der »Honçe« [Gitarrist Hans Heres] mitmachen würde, war gar keine Frage. Wir beide waren's schließlich, die allabendlich nach der letzten Runde im Chlodwig-Eck im Etablissement Boecker/Niedecken, Teutoburger Straße 5, diese Songs schrammelten und sogar zugegebenermaßen ab und zu auch schon mal damit geliebäugelt hatten, sie jemandem vorzuspielen. Es waren meine eingekölschten Dylan-Versionen, mein *Helfe kann Dir keiner* und Mötzens Nonsens-Stücke wie *Fahre mer nach Brühl, Frittenblues* und so weiter, die wir da zum besten gaben, und der Aspekt, daß diese Sachen auf Feten schon ganz gut angekommen waren, brachte uns nun zusammen mit der gerade erschienenen Dylan-LP *Desire* zu dem Entschluß, es mal in diese Richtung zu probieren. Hätten wir eine Anlage gehabt, wäre das, einschließlich »Saxello«, die Besetzung bei unserem ersten Gig gewesen. So aber gab's im Mariensaal nur eine namenlose Dreiercombo, »Honçe«, »Afro« und mich, mit einer winzigen gemieteten Gesangsanlage, was überraschenderweise sogar relativ gut ankam, jedenfalls hat kaum einer gepfiffen. Bis zum ersten Auftritt unter dem Namen BAP im Saal der Fachhochschule für Bildende Kunst verging dann wiederum ein Jahr, doch obwohl wir eigentlich inzwischen ziemlich genau wußten, *was* wir machen wollten, war das *Wie* offensichtlich immer noch äußerst unklar.

Nach diesem Auftritt ging's also wieder für eine lange Zeit in den Proberaum. Mittlerweile hatte unser Initiator, der »Saxello«, übrigens schon längst das Handtuch geworfen, war aber auch »Schmals« kleiner Bruder Wolli dazugekommen und hatte das Schlagzeug übernommen. Was auch immer in der letzten Zeit über Wollis Ausstieg gemunkelt worden sein mag, er war damals derjenige, der, schon lange bevor der »Major« uns endgültig zeigte, wo's langging, rockmäßig die Power und den Durchblick hatte, der bei uns alten Herren wohl irgendwo auf der Strecke geblieben war. Ich weiß noch, wie ich in den Proberaum kam, ihn am Schlagzeug sah und dachte: »Leck ens ahm Arsch, Jung, do mußte jetz methalte!« (…)

Langsam, aber sicher sprach sich's dann auch rund, daß ein Typ was auf Kölsch machte, was mit Bläck Fööss wenig und mit Karneval gar nichts zu tun hatte, und von diesem Erfolg ermutigt wagten wir's schließlich zusammen auch mal, für ein paar Mark Gage im einen oder anderen Jugendzentrum aufzutreten. Das war eine Zeit, die mir jetzt im Rückblick als so ziemlich die härteste Phase vorkommt, denn diese, unsere ersten zarten Versuche als Rockband fielen ausgerechnet in jene unrühmliche Epoche, in der die Discowelle sich auf dem Zenit befand. Ratlose Gesichter überall: »Wat soll dat denn?« Störversuche wie demonstratives Tischfußballspielen vor der Bühne bis zum stinknormalen Boykott. Die einzigen, die's mochten, waren anscheinend die anwesenden Sozialarbeiter.

War das ein Feeling, wie ich zum ersten Mal mitkriegte, daß jemand den Refrain von *Mata Hari* und dann auch noch den von *Anna* mitsang. Das ging echt runter wie Öl. (…)

Unsere Zuversicht stieg, die Auftritte, die jetzt kamen, waren zwar auch nicht gerade Jahrhundertereignisse, aber wir wurden hörbar besser. Trotzdem, am besten liefen immer noch meine Solo-Gigs. Hatte ich anfangs noch gegen das übliche Volksgemurmel halbvoller Kneipen anzusingen gehabt, so waren die Buden jetzt rappelvoll, und zwar nicht zufällig, sondern weil *ich*

da spielte. Am 21. April 1979 dann mein Auftritt im Vorprogramm der Schmetterlinge in der Köln-Mühlheimer Stadthalle,
nach welchem mich die Eigelstein-Leute fragten, ob ich nicht
bei ihnen mal eine Platte aufnehmen wollte. Ich erzählte ihnen
von der Band, und wir einigten uns im Lauf der folgenden Wochen darauf, so was mal in Angriff zu nehmen. Mittlerweile war
uns auch klargeworden, daß es ratsam war, wegen meines unver-
hältnismäßig größeren Bekanntheitsgrades fürs erste meinen
Namen dem der Band voranzustellen. Und der »Honçe« steckte
mitten im Wirtschaftsexamen, probte also kaum noch mit, ehe
wir im Oktober in dieser Rekordzeit von sechs Tagen (einschließlich Abmischen!) im Studio am Dom bei Martin Hömberg *Wolfgang Niedecken rockt andere kölsche Leeder* aufnahmen, eine
Auswahl von Stücken, die mehr aus meinem Solo-Repertoire als
aus dem der Band stammten. Die langen, auf Pointen hin kon-
struierten Texte, die stark vom Talkin' Blues des frühen Dylan
beeinflußt waren, machten eine rockige Bearbeitung fast unmöglich. Stücke wie *Das große Schu-bi-du (Heidi)* gelten diesbezüg-
lich nach wie vor als schwierig. Der arme Martin Hömberg, was
mag wohl in ihm vorgegangen sein, als er uns hilflose Amateure
in seinem Studio rumwerkeln sah? Wir wußten *gar nichts*, er hat
uns jedes Kinkerlitzchen erklären müssen und trotzdem mit einer Engelsgeduld diese Platte so hingekriegt, wie wir es nie für
möglich gehalten hätten. So arm, wie sich das Ding jetzt auch
anhören mag, damals klang es in unseren Ohren mindestens drei-
mal so gut, wie wir uns normalerweise anhörten.

Habe später, nachdem der »Major« bei uns eingestiegen war,
oft darüber nachgedacht, ob wir diese Platte nicht noch mal, diesmal tatsächlich »...*rockt* andere...« aufnehmen sollten. Gut, daß
wir's nie gemacht haben.

Wolfgang Niedecken, »BAP övver BAP«, 1983

Im Stollwerck war am 28. November 1979 die Präsentation unserer ersten LP: *Wolfgang Niedeckens BAP rockt andere kölsche*

Leeder, ein absoluter Wunschgedankentitel, denn mit Rocken war ja noch nicht soviel, das war eine ganz brave Aktion. Die Stoll-werck-Besetzung begann Anfang '79, im Rahmen der Hausbeset-zungs-Aktionen haben wir oft gespielt. Später, als das mehr zur Underground-Dunkelziffer-Proberaum-Gegend wurde, waren wir schon in ganz Deutschland unterwegs, galten als »etabliert«, das geht unheimlich schnell. Bis '83 haben wir hier gespielt, zuerst im Annosaal, nach dem Abriß in der Maschinenhalle. Das Stollwerck war eine hervorragende Location mit sensationeller Architektur. Daß sie den Saal abgerissen haben – vollkommen schleierhaft; der hätte unter Denkmalschutz stehen müssen.

Wolfgang Niedecken, Kölner Illustrierte 3/1995

»Bapp« heißt in der Gegend ums Siebengebirge rum (noch nicht mal in Köln) soviel wie Vater, und da mein Daddy plus Sohnemann aus seiner ersten Ehe aus dieser Ecke stammen, nannte mein großer Bruder ihn halt immer »Bapp«. Dies mußte natürlich dazu führen, daß ich's ihm nachmachte, bis »Bapp« schließlich zu meinem Spitznamen wurde.

Als dann der erste richtig offizielle Auftritt anstand und wir uns überlegen mußten, wie wir uns denn nun nennen sollten, kamen wir eigentlich sehr schnell drauf, denn den Begriff »Bapp« kannte hier keiner, er war also frei für uns, niemand konnte irgendwas damit in Verbindung bringen und schon gar nicht irgendwas Volkstümelndes. So!... Und das zweite P, für die, die's ganz genau wissen wollen, haben wir nur deshalb gestrichen, weil sich's auf der Baßtrommel von der Optik her nicht besonders gemacht hätte. So einfach ist das.

Wolfgang Niedecken, »BAP övver BAP«, 1983

...andere kölsche Leeder war aufgenommen, und zur Plattenpremiere am 28. November 1979 hatten wir uns vom Kölner Schauspielhaus den Annosaal des Stollwercks gepumpt.

Dieser Auftritt wurde für uns jedenfalls was ganz Besonderes. Das, was an Kritiken in den nächsten Tagen kam, war sehr wohlwollend, und wo wir von nun an im Kölner Raum spielten, waren wir zumindest schon mal mit *Wahnsinn* bekannt, denn das lief jetzt sogar schon mal ab und zu mal im WDR II, und außerdem ging die LP auch nach diesem Abend im Stollwerck verkaufsmäßig besser ab als erwartet. So konnte man es eine Zeitlang aushalten, was wir auch taten, bis uns bewußt wurde, daß wir im Begriff waren, im eigenen Saft zu schmoren.

Der Schritt vom totalen Unbekanntsein bis zu diesem Punkt ging unglaublich schnell vonstatten, und wenn ich mir heute den Terminkalender dieser Monate anschaue, frage ich mich tatsächlich, wie das überhaupt gutgehen konnte, denn wir hatten – glücklich darüber, daß uns jetzt endlich jemand hören wollte – einfach alles an Auftritten angenommen, was man uns angeboten hatte, und wenn's auch sechsmal in einem Monat in der winzigen Südstadt war: auf einer Veranstaltung gegen das, ein Solidaritätsgig für jenes, ein Soloauftritt in der Opera, Winterfest in der Werkschule, mal einfach so beim Clemens und und und... So langsam ging's dann auch prompt los: »Ooch nä – nit ald widder BAP!«

Wolfgang Niedecken, »BAP övver BAP«, 1983

Natürlich war es eine gute Truppe. Wir sind lediglich aus dem Grund geschieden, weil sich Termine und der Beruf einiger Bandmitglieder nicht mehr unter einen Hut bringen ließen. Daß ich jetzt mit einer Band zusammenarbeite, mit der ich vollkommen harmonisiere, bei der sich Spielwitz und Können die Waage halten, verdanke ich mehr oder minder dem Zufall.

Wolfgang Niedecken, Rock Magazin, April 1981

Ein anderer Effekt des jetzt häufigeren Spielens war der, daß sich die von uns, die BAP immer nur nebenbei machen wollten, plötzlich vor der Situation sahen: entweder Beruf/Studium oder BAP. Ganz abgesehen davon, daß es natürlich auch welche unter uns gab, für die's wirklich was Schöneres gab als diese Band, waren die Gagen auch nicht gerade ausgesprochen ermutigend, der Vertrieb unserer rührigen Plattenfirma klappte, wenn's hoch kam, bis in die Vororte – kurz, keiner, außer dem »Schmal« und mir, konnte sich so richtig vorstellen, daß von BAP mal mehr als ein paar Episödchen und eine LP übrigbleiben sollte.

Über den kurzen Umweg eines fehlgeschlagenen Versuchs, unseren examengestreßten Hans Heres vorübergehend durch einen semiprofessionellen Saxophonisten zu entlasten, kam es dann schließlich zu diesem denkwürdigen Gespräch mit dem »Major«:

»Hör mal, du bist doch der von BAP?«

»Ja, bin ich.«

»Ich finde euch Scheiße.«

Na ja, den genauen Wortlaut krieg ich jetzt nicht mehr auf die Reihe, kann mich allerdings noch genau daran erinnern, daß ich ihm unsere verzwickte Situation erklärt hab, und daß er dermaßen mit seinen Fähigkeiten als Gitarrist angegeben hat, daß ich gar nicht anders konnte, als mich mit ihm für den nächsten Morgen zu verabreden, um mir das mal anzuhören.

Wolfgang Niedecken, »BAP övver BAP«, 1983

Und eben in diesem Basement habe ich dann eines Abends BAP gesehen. BAP war mir vom Namen her durch einige Artikel in Stadtzeitungen bekannt, sie galten in Köln schon damals als eine Art Geheimtip, und sie hatten schon eine LP gemacht. Kurz, für mich waren BAP schon so etwas wie Stars, und meine Erwartungen waren hochgespannt. Und dann dieser Reinfall! Zu meiner Schande muß ich gestehen, daß mir BAP überhaupt nicht gefallen hat, ja, mich geradezu in Wut versetzte, so daß ich das Konzert frühzeitig verließ. Ich hatte eine Rockband erwartet, und an diesem Anspruch gemessen, war BAP eine Frechheit, und so was sollte die große Hoffnung auf der Kölner Rockszene sein, ich war einfach sprachlos.

Man muß sich die Situation beim Konzert so vorstellen: Da standen sechs biedere Söhnchen auf der Bühne, die einen Sound erzeugten, der nach allem klang, nur eben nicht nach Rockmusik. Der Sänger saß wie angewurzelt auf einem Barhocker und las seine überlangen Texte vom Notenständer ab, was mich eher an Musikschule als an Rockmusik denken ließ. Zugegeben, die Texte waren gut, aber wie das rüberkam, unmöglich! Der Percussionist hatte zu allem Überfluß auch so einen Notenständer, obwohl die paar Refrains, die er zu singen hatte, ihn wirklich beim Auswendiglernen nicht überfordert hätten. Dazu kam, daß er für die Musik restlos überflüssig schien, da er seine Aufgabe offensichtlich darin sah, die Geräuschkulisse für die Texte zu produzieren, was man so verstehen muß, daß, wenn im Text das Wort »Klirr« erschien, er am liebsten passend dazu eine Glasscheibe eingeschlagen hätte. Der Schlagzeuger spielte brav seinen Rhythmus, ohne auch nur einmal das kleinste Fünkchen von Spontaneität und Aggressivität zu versprühen, ebenso der zweite Mann in diesem Rhythmusgespann, der Bassist, der mit der Vitalität einer Pappfigur brav seine Läufe zupfte. Der Keyboarder war so eine Mischung aus Procul Harum und Flohwalzer, der Gitarrist schien sich überhaupt am liebsten aus der ganzen Musik herauszuhalten, um dann irgendwann ein zweitaktiges Solo zu improvisieren, das mehr mit Tonleiterübungen zu tun hatte als mit Feeling. Abschließendes Urteil: Ich fand BAP total Scheiße. Aber sie waren schon an einem Punkt angelangt, von dem ich scheinbar immer nur träumen konnte. Sie waren relativ erfolgreich, sie hatten ihre Auftritte, sie hatten eine Platte, sie waren offensichtlich noch schlecht, aber ich bewunderte sie. Und bald darauf kam es dann zu diesem denkwürdigen Gespräch zwischen Wolfgang, »Schmal« und mir im Basement.

An diesem Abend spielte mal wieder eine Gruppe, und ich war gekommen, sie mir anzusehen. Als ich dann den Wolfgang unter den Zuschauern stehen sah, erschrak ich aus Ehrfurcht und Hochachtung, immerhin war er so etwas wie ein Star. Zunächst hielt ich mich in sicherer Entfernung, aber immer in seiner Nähe auf, um von Zeit zu Zeit immer näher an ihn heranzurücken. Ich wollte mit ihm reden, ohne so genau zu wissen, warum, nur daß ich es wollte, das wußte ich genau. Die Gefahr schien mir, daß, wenn ich ihn vor all den anderen Leuten ansprach, die um ihn herumstanden, ich mich leicht hätte blamieren können. Und während ich noch die schwierige Situation in all ihren Möglichkeiten durchdachte, bot sich mir plötzlich doch noch die große Chance: Wolfgang ging pissen.

Ich hinterher, auch pissen, quälte mir, um nicht aufzufallen, einige Tropfen heraus, um dann all meinen Mut zusammenzunehmen und ihn anzusprechen: »Hey, du bist doch der von BAP.« Darauf Wolfgang: »Ja, wieso?« »Ich wollte mal mit dir reden.« »Klar gerne, aber bitte erst später, nach dem Konzert.«

Ich war platt. Wolfgang war total freundlich zu mir gewesen. Tatsächlich wartete er am Ende des Konzerts auf mich, um mit mir in die Südstadt ins Chlodwig-Eck zu fahren. Was wir dann im einzelnen besprochen haben, weiß ich nicht mehr so genau, nur daß ich ihm erklärt habe, daß ich BAP eigentlich Scheiße fände und warum, und ihm klarzumachen versucht habe, was man besser machen könnte. Ich muß dabei unheimlich auf den Putz gehauen haben, so daß Wolfgang vor die Wahl gestellt war, mich entweder einzuladen oder rauszuschmeißen. Er entschied sich offensichtlich für das erstere, war er doch, wie ich erst später erfuhr, an diesem Abend nur deswegen ins Basement gegangen, um den Gitarristen der Band in Augenschein zu nehmen, da BAP nach einem neuen suchte. Was sagt man zu so etwas? Glück, Zufall oder Schicksal?

Klaus »Major« Heuser, »BAP övver BAP«, 1983

Wenn du dich für eine Professionalisierung entschieden hast, wenn du soviel spielst, soviel an Zeit und Geld investierst, wie wir das gemacht haben, dann hast du keine Zeit mehr für einen Job. Dann mußt du deine Musik auch so gut und intensiv machen, daß da ein paar Mark zum Leben bei rausspringen. Das ist dann ein unbedingtes Muß! Der Vertrieb unserer Platten muß *jetzt* funktionieren, nicht erst in ein bis zwei Jahren! Die Band ist im Moment an einem Punkt, wo es darum geht: Entweder machen wir die Sache hauptberuflich, als Profis, oder wir geben die Sache dran!

Bernd Odenthal, Stadtrevue, März 1981

Die Leute machen sich keine Vorstellung, unter welchen Bedingungen wir arbeiten. Früher, als ich allein auftrat, habe ich mehr verdient als heute. Der Arbeitsaufwand war auch viel kleiner. Wenn wir heute einen Auftritt haben, komme ich von morgens bis spät in die Nacht zu nichts anderem. Da bleibt keine Zeit und Kraft für'n Job oder so. Finanziell gesehen ist das eigentlich Wahnsinn, was wir machen. Nehmen wir als Beispiel die rappelvolle Veranstaltung im Audimax in Aachen. 2300 Mark Gage haben wir da bekommen. Das hört sich ja ganz gut an. Ich will dir sagen, was davon für die Musiker übrigblieb: Abziehen mußt du nämlich die drei Roadies, circa 240 Mark, für LKW-Miete circa 500 Mark, für PA-Anlage 300 Mark, für Plakate circa 300 Mark, für Reparaturkosten, die du auf die verschiedenen Gigs verteilen mußt, circa 200 Mark, für die Abzahlung der Anlage, für Versicherung, Spritkosten für die Anfahrt der Musiker und so weiter. Bleiben als reine Gage nicht mehr als 600 Mark für die Band übrig, also 600 Mark geteilt durch sieben. Und wenn ich die Eigelsteinmenschen dann höre, wie sie sagen: »Die wollen jetzt absahnen!« – dann kommt mir das kalte Kotzen!

Wir machen uns keine Illusionen. Wir kommen nicht aus der Hölle Eigelstein in den Himmel Elektrola. Nur, die für uns entscheidenden Sachen laufen und funktionieren da: Der Vertrieb läuft in ganz Deutschland, wir bekommen zwei Tourneen über je 30 Tage garantiert mit festen Gagen pro Mann und Auftritt, außerdem Tournee-Support, also Ausgleich für die dabei entstehenden Unkosten. Wenn die Sachen laufen, können wir uns endlich mal wieder um die Weiterentwicklung unserer Musik kümmern, wozu wir im letzten halben Jahr effektiv keine Zeit gefunden haben. Die Eigelsteiner sagen, wir hätten damit das Lager gewechselt, seien zum Feind übergelaufen. Das ist Quatsch. Wir machen die gleiche Musik, lassen uns von niemandem hineinreden, wir werden unsere nächsten Platten selber produzieren.

Wolfgang Niedecken, Stadtrevue, März 1981

Bis zum Jahreswechsel 1980/81 haben wir das dann noch schön brav durchgehalten, immer in der Hoffnung, die Eigelsteiner würden es einsehen und unsere Platten in einen ordentlichen Vertrieb geben. Indes, in dieser Richtung passierte nichts.

Wolfgang Niedecken, »BAP övver BAP«, 1983

Huch! Wir sind Profis!

Wolfgang Niedecken, Musikexpress/Sounds 10/1981

Wir waren bei der EMI gelandet, und eine der ersten spürbaren Erleichterungen für unsere Arbeit war die, daß wir's uns jetzt leisten konnten, irgendwo im Grünen für einen Monat ein Quartier zu beziehen, in dem wir uns nach der Kilometerfresserei der vergangenen Monate in Ruhe auf die nächste LP vorbereiten konnten.

In der Zwischenzeit hatte der »Major« es auch geschafft, den Tastateur seiner ehemaligen Schülerband, Alexander Büchel, dazu zu bewegen, sein Maschinenbaustudium an den Nagel zu hängen und bei uns einzusteigen. Der »Effendi« kam also (aß erst mal was), wurde gesehen und siegte.

Wolfgang Niedecken, »BAP övver BAP«, 1983

Eines Abends stand ich dann mit Klaus und »Schmal« in einer Kneipe in Köln, habe ihnen einen vorgeheult von wegen, ich wäre doch noch nie in einem Tonstudio gewesen und hätte von nichts eine Ahnung. Und dann die Auftritte... vor so vielen Leuten...

Als man mich am nächsten Morgen fürs Plattencover von *Für Usszeschnigge* ablichtete, hatte ich, glaube ich, noch immer einen in der Kirsche.

Axel »Effendi« Büchel, »BAP övver BAP«, 1983

Wir haben mit der EMI nicht die Bohne Brassel – im Gegenteil: Wie haben mit denen einen Vertrag, der uns zusichert, daß die ungehört all das auf die Platte draufnehmen, was wir für richtig halten. Die EMI ist uns sogar noch mehr entgegengekommen, denn es bestand ja eigentlich keine Verpflichtung, uns für die neue LP [*Vun drinne noh drusse*] so ein umfangreiches Textheft zu bewilligen. Die hätten ja auch ein Schwarzweiß-Cover machen und die Texte auf die Innenseite drucken können. Wir hätten nie gedacht, daß die auf alle unsere Vorschläge bedingungslos eingehen würden. Immer wenn ich gesagt habe »wir hätten gerne 12 Seiten Textbeilage in Farbe«, meinten sie »ja, prima«; »dann hätten wir gerne ein Cover zum Aufklappen, bunt« – »ja gut, machen wir«; »und ein besonderes Papier hätten wir auch noch gerne« – »okay, geht alles klar«! Dieses besondere Papier haben wir dann nach den ersten 100 000 Exemplaren gestrichen, weil es einfach zu wackelig war, dat wor zu besonders. Ich habe den Eindruck, die ganze Firma (EMI) steht auf die Musik, das merkst du daran, was da auf einmal für eine Power rauskommt, wenn es um BAP geht.

Wolfgang Niedecken, Fachblatt Musikmagazin 12/1982

Ja, es gab damals so viele Sachen, die absolut neu für uns waren und zum ersten Mal passierten. Ein schönes Beispiel für unsere Naivität und Unerfahrenheit auf dem ganzen Pop-Sektor ist folgendes: Als die Leute von der Plattenfirma eines Tages ankamen und erzählten, ihr seid Platz eins in den Charts, mußte der Begriff Charts erst mal geklärt werden. Unsere Reaktion: »Jaja, die

Hitparade! Jaja, Dieter Thomas Heck! Nö, da ham wir nix mit
ze donn!« Wir haben uns damals noch nicht einmal darüber gefreut, daß wir die Nummer eins in den Charts waren.
    Aber es ging ja noch weiter! Wir hatten wieder eine neue Plat-
te aufgenommen [*Vun drinne noh drusse*] und wollten, daß die
dann auch gleich rauskommt. Bei der Produktion hatte ja keiner
auch nur im entferntesten damit gerechnet, daß die vorherige LP
Für Usszeschnigge mit *Verdamp lang her* zu dem vorgesehenen
Veröffentlichungsdatum auf Platz eins sein würde. Jetzt war alles angeleiert. Und die von der Plattenfirma standen wirklich
händeringend vor uns und meinten: »Ihr könnt doch jetzt keine
neue Platte rausbringen! Ihr seid doch gerade Nummer eins in
den Charts!«
    Wir dachten nur, wie sind die denn drauf? »Die Plaat is doch
joot! Finden die die nit joot, oder watt?« Und dann haben wir
uns selber von Platz eins auf Platz zwei verdrängt. So waren wir
damals eben drauf! Das hat dann auch noch unheimlich lange
gedauert, bis wir das endlich kapiert haben.

Wolfgang Niedecken, Concerts 6/1991

Durch den BAP-Boom kletterten jetzt auch unsere ersten beiden Platten in die ersten Zwanzig. Und *Kristallnaach* wurde auch
noch ein Single-Hit. Die Musikbranche stand kopf. Wir hatten
innerhalb weniger Monate sämtliche Rekorde im nationalen
Showbusiness gebrochen.

Wolfgang Niedecken, »Auskunft«, 1990

Es gibt ja immer jemanden von der Plattenfirma, der dich be-
treut. In unserem Fall war es eine Frau. Immer wenn wir sie
schon kommen sahen, dachten wir, jetzt kommt die schon wieder und erzählt uns einen vom Dieter Thomas Heck. Immer noch
die Nummer eins und so. Wir haben das einfach nicht würdigen
können.

Wolfgang Niedecken, Concerts 6/1991

Für mich war es damals auch ein Unding, mir über Musikzeit-schriften überhaupt Gedanken zu machen. Zu der Zeit hätte ich mir so etwas nie gekauft, weil ich auf einem völlig anderen Trip war. Ich hatte Kunst studiert, und zu Hause war ich mit Polke und Penk beschäftigt. Das war ein ganz anderer Film, der da ablief! Aber selbstverständlich habe ich mich dann doch rein-gekniet in die Branche, weil ich nun mal auch derjenige bin, der den ganzen Medienkram macht.

Wolfgang Niedecken, Concerts 6/1991

Da waren halt diese Typen, die kamen aus Köln und die verstand mer kam, aber was die da machten, das schien schon irgendwie Hand und Fuß zu haben. Das schien das auszudrücken, was die-ser ganzen Generation unformuliert durch die Köpfe ging.

Wolfgang Niedecken, Kleine Andere Trierer Zeitung 10/1995

Die Sache mit der Rockpalast-Aufzeichnung von der Loreley war von uns aus sowieso ein Wagnis sondergleichen – im nach-hinein bleibt mir da auch der Atem weg. Ich bin ganze drei Tage vor der Sendung aus Griechenland zurück nach Köln gekom-men. Normalerweise macht man vor jeder größeren Tour oder vor jedem wichtigen Fernsehkonzert einige »Warm-Up-Gigs« in der Provinz, ehe man sich in eine größere Halle wagt. Unser Warm-Up-Gig war in diesem Fall direkt eine Eurovisionsüber-tragung, da waren zum Beispiel Stücke von der neuen LP dabei, die wir nie vorher live gespielt hatten. Wir hatten zwar bei der EMI ein kleines Studio zum Proben zur Verfügung, aber da stand zum Beispiel nur ein unvollständiges Schlagzeug und solche Scherze. Wir haben dann quasi in Zimmerlautstärke unsere Num-mern durchgespielt, wobei wir uns beispielsweise die HiHat immer denken mußten. Überhaupt hat der Wolli fast nicht spie-len können, er hat immer nur andeutungsweise getrommelt, da-mit wir in etwa wußten, wo wir dran waren. So im nachhinein schüttelt man darüber wirklich nur noch den Kopf, das war schon alles ein echter Hammer.

Wolfgang Niedecken, Fachblatt Musikmagazin 12/1982

Man hat auf einmal einen überregionalen Durchbruch in einem Alter, wo man in seiner Entwicklung noch am Anfang steht, dann ist das einfach sehr schwer zu verkraften. Wenn man nur einmal daran denkt, wie viele Leute auf einmal kommen und einem auf die Schulter klopfen. Also, das dann noch so auf die Reihe zu kriegen, das ist schon schwierig. Nun hab ich Schwein gehabt, ich war schün über dreißig, als es losging. Ich kriegte das ganz gut eingetütet. Für mich selber. Aber letztendlich ist über das ganze Theater auch meine erste Ehe in die Hose gegangen.

Wolfgang Niedecken, Der Neue Tag, 23. März 1995

Hätten wir nicht zum großen Konzern gewechselt, wären wir nicht da, wo wir heute sind.

Wolfgang Niedecken, FAZ-Magazin, 28. August 1987

Wenn jetzt jemand im Publikum sitzt und uns noch aus Zeiten kennt, wo wir in kleinen Läden gespielt haben, der denkt bestimmt »Mensch, jetz' han se et ävver jeschaff, jetzt sind die bestimmt ausschließlich happy.« Aber man ist nicht ausschließlich happy, sondern man macht jede Menge, was man absolut nicht rafft, was man überhaupt nicht auf die Reihe kriegt, man sieht sich auf einmal in einer Situation, wo man nie gedacht hätte, daß man da jemals reinkommt. Was ich damit sagen will: Wir sind eigentlich immer noch die gleiche Band, die sich unheimlich gefreut hat, daß sie hier in Köln das Basement vollgekriegt hat! Dat wor jo och schon ens jet – mittlerweile lacht sich fast jeder halbtot, daß wir auf dieser Tour im Basement einen Gig machen. Aber ich weiß genau, wie happy wir waren, daß mal jemand zu uns in den Proberaum kam und nicht direkt losgelegt hat, was das für ein Scheiß sei, den wir da machen, sondern sagte, daß es ihm eigentlich ganz gut gefällt.

Wolfgang Niedecken, Fachblatt Musikmagazin 12/1982

Rheinische Glimmer Twins

Den »Major Healey« haben wir seit Mitte Februar dieses Jahres, mit ihm haben wir nur eine Woche üben können, dann mußten wir auch schon mit ihm auf die Bühne. Ich kann nur sagen, er ist ungeheuer, dieser Mann.
Wolfgang Niedecken, Gespräch mit Bruno Kaßel, 1980

Die Gruppe hat also keine Probleme mit einem dominierenden Wolfgang Niedecken?

Der Wolfgang hat das alles irgendwie ins Laufen gebracht, und jeder weiß aber auch, daß er nicht soweit gekommen wäre ohne die anderen. Und so würde der Wolfgang auch nicht sagen, »nun leckt mich am Arsch, ich nehme andere Leute«, weil auch für ihn klar ist, daß BAP ohne jeden von uns nicht mehr BAP ist. Das Gute ist, daß er denkt, er hätte musikalisch nicht soviel Ahnung. (Gelächter)
Klaus »Major« Heuser, Musik News, 16. September 1981

Verstehst du dich mit Wolfgang immer noch prächtig?

Wir sind völlig gegensätzlich. Eigentlich dürften wir uns gar nicht verstehen. Aber vielleicht liegt da ein Geheimnis des BAP-Er-

folges: Die ständige Reibung, die Kreativität hervorbringt. Mit Wolfgang habe ich mehr Zeit verbracht als mit meiner Frau.
Klaus »Major« Heuser, B.Z., 30. August 1996

An »Major« hast du dich immer nur gerieben...

Außer dem, was in der Band gelaufen ist, haben wir so gut wie nie was miteinander zu tun. Wir haben uns immer nur prima ergänzt.
Wolfgang Niedecken, Leipziger Volkszeitung, 23. August 1996

Daß BAP irgendwo zunächst mal die Texte und meine Stimme ist, ich glaube, das sieht auch der »Major« nicht anders. Deshalb muß er ja nicht ewig in deren Schatten stehen. »Effendi« zum Beispiel ebensowenig.
Wolfgang Niedecken, Fachblatt Musikmagazin 3/1986

Wir haben schon einige ganz verschiedene Geschmacksrichtungen und Temperamente miteinander zu vereinbaren. Und wenn du in einer Band demokratisch vorgehen willst, kannst du damit ein Problem kriegen. Wir wissen selber noch nicht, wie wir das geregelt kriegen. Weil, da ist der eigentlich sehr in Richtung Popmusik denkende »Major«, der alles möglichst »glatt« kriegen will; und da gibt's als das andere Extrem mich. Und wir zwei sind die größten Tauzieher in der Kapelle. Und es kommt immer darauf an, wie man da 'ne Mehrheit hinter sich kriegt.
Wolfgang Niedecken, Kleine Andere Trierer Zeitung 10/1995

Der »Major« hat musikalisch ungeheuer viel drauf. Wenn ich höre, was der aus meinen Gitarrenakkorden gemacht hat, bin ich baff.
Wolfgang Niedecken, Kölner Stadt-Anzeiger, 3. Juli 1982

Der Wolfgang würde uns im Studio nur stören, wir geben ihm beim Texten ja auch keine Ratschläge.
Klaus »Major« Heuser, Kölner Stadt-Anzeiger, 3. Juli 1982

Der Mick Jagger ist mittlerweile bei den Stones derjenige mit dem Pop-Komplex, der Peter Pan, der immer jung bleiben muß. Dieser Berufsjugendliche. Und der Keith Richards ist der geblieben, der schroff sein Riff da hingesetzt und immer zugesehen hat, daß nicht zuviel »Dreck« aus den Produktionen rausgefegt wurde. Und wenn man das nun auf BAP überträgt, daß der Gitarrist »Major« diesen Keith-Richards-Part bekommt und ich dann den von Jagger – das stimmt nicht! Bei uns ist das genau andersrum.
Wolfgang Niedecken, Kleine Andere Trierer Zeitung 10/1995

Ich hatte keine Lust, auf Wolfgangs *Leopardefell*-Platte einfach Bob-Dylan-Songs nachzuspielen. Aber ich gebe zu, ich bin verdammt eifersüchtig, wenn ich Wolfgang mit anderen Gitarristen auf der Bühne sehe.
Klaus »Major« Heuser, Frankfurter Neue Presse, 23. September 1996

Er hat sich meine Shows auch niemals angesehen. Er kam vorher zu mir und hat gesagt: Tut mir leid, aber ich kann das nicht.
Wolfgang Niedecken, Schwäbische Zeitung, 3. September 1996

Wie ist euer beider Verhältnis?

Das ist eine sehr spannungsreiche Geschichte. Wir beide können gut miteinander arbeiten. Da kommt auch immer etwas dabei rum. Das muß aber nicht heißen, daß wir uns immer supergut verstehen.
Klaus »Major« Heuser, Aachener Zeitung, 17. August 1996

Wir liegen uns ständig in den Haaren.
Wolfgang Niedecken, Aachener Zeitung, 17. August 1996

Wir streiten uns aber nicht. Ich habe andere Vorlieben als der Wolfgang und umgekehrt. Aber man kommt sich da immer näher. Und da, wo wir uns dann finden, das ist eigentlich das, was BAP ist.
Klaus »Major« Heuser, Aachener Zeitung, 17. August 1996

Es ist ja nicht so, daß Wolfgang alle Interviews gibt. Doch es gibt immer wieder Situationen wie diese: Ich rede zwei Stunden lang mit einer Schülerzeitung, dann kommt der Wolfgang herein, und alles springt auf, rennt ihm hinterher, um mindestens eine Frage von ihm im Original-Ton zu haben. Das stört mich nicht, nur wird das nicht unbedingt der Band gerecht. (...)
Ich habe mir diesen Beruf ja ausgewählt, damit ich keinen Chef habe. (...)
Ich begegnete Niedecken nach einem BAP-Konzert auf der Toilette im damaligen Basement am Friesenplatz. Ich hatte vorher nicht den Mut, ihn anzusprechen. Da habe ich aber gedacht: Jetzt oder nie.
Klaus »Major« Heuser, Kölner Stadt-Anzeiger, 1. März 1994

Es war mal kurz die Rede davon, daß der »Major« eine Soloplatte plant. Wenn er das macht, wird es sicher etwas ganz anderes: Ich vermute, er geht nach Amiland und spielt dort mit amerikanischen Musikern etwas ein, was so mehr aus der Country-Ecke kommt.
Wolfgang Niedecken, Leipziger Tagesblatt 4/1995

Leedermache

*W*as ist zuerst da, Text oder Musik?

Früher hat das Ganze mal mit dem Text angefangen, dann wurde es irgendwann mal halbe-halbe. Heute ist immer erst die Musik da.

Klaus »Major« Heuser, Blitz 10/1996

Ich komme zum Beispiel an und habe ein Stück mit Musik, spiel das den anderen vor, dann sagt der »Major«, die ganze Musik kannst du absolut vergessen, die kannst du wegschmeißen. Aber hör mal zu, ich habe hier was, vielleicht paßt das dazu. Mitunter bekommen die Stücke durch so eine Arbeitsweise auch einen vollkommen anderen Charakter, und zwar den Charakter, den ich nicht hingekriegt hätte. Diesen Charakter haben wir dann, obwohl der »Major« nur hier und dort etwas verändert hat. Großes Beispiel: *Südstadt verzäll nix*, das hat sich bei mir ursprünglich angehört wie »George Harrison singt irgendwas zum Schlafengehen«, das war so *My Sweet Lord*-artig. Ein paar Tage später kam der »Major« an und meinte, daß die Nummer eigentlich so klingen müßte, und dann hat er mir vorgespielt, wie mein Stück eigentlich klingen müßte, un dann war et jot.

Wolfgang Niedecken, Fachblatt Musikmagazin 12/1982

Wir suchen uns halt die Musik aus, die gerade am besten zu Wolfgangs Texten paßt.
Manfred »Schmal« Boecker, Musikexpress/Sounds 10/1981

Wir haben zum Beispiel auch auf die neue LP [*Vun drinne noh drusse*] draufgeschrieben: »Musik: BAP«. Wenn du plötzlich populär bist, versucht eine bestimmte Art von Presse, irgendwelche Bosse in der Band ausfindig zu machen...
Klaus »Major« Heuser, Fachblatt Musikmagazin 12/1982

... das kann man ja überhaupt nicht mehr trennen. Man hat nachher einfach nicht mehr den Durchblick, wer jetzt was gemacht hat. Tatsache ist, daß die Texte zu 99 Prozent von mir stammen.
Wolfgang Niedecken, Fachblatt Musikmagazin 12/1982

Das ist einfach das »Prinzip Band«. Bei uns ist es vollkommen egal, ob jemand die Texte schreibt oder für den Sound der PA verantwortlich ist. Wir beiden haben zum Beispiel überhaupt keine Ahnung von dem, was der Hans Wollrath, unser Toningenieur, an seinem Mixer alles macht. Wenn wir 120 Gigs spielen und hätten anstelle vom Hans irgendeinen beschissenen Mixer dabei, könnten wir auf der Bühne noch so gut spielen, dann ginge das alles trotzdem in die Hose. Daß wir dahin gekommen sind, wo wir heute sind, ist der Verdienst der ganzen Band und nicht allein vom Wolfgang Niedecken, von mir oder jemand anderem. Wir teilen auch das Geld, was durch die Platten reinkommt, gleich unter uns auf.
Klaus »Major« Heuser, Fachblatt Musikmagazin 12/1982

Wolfgang ist halt ein Poet im wahrsten Sinne des Wortes, und wir bekamen zunehmend Probleme damit, daß seine Texte immer länger wurden...
Klaus »Major« Heuser, Blitz 10/1996

Bis zum *Salzjebäck*-Album 1984 war die Musik das Transport-mittel für meine Texte. Seitdem hat sich die Musik kontinuier-lich emanzipiert, und wir sind jetzt sehr nah an dem Sound, der uns selber auch antörnt.

Wolfgang Niedecken, Max 9/1993

Ich glaube nicht mehr an Demokratie in künstlerischen Belan-gen. Das war eine lange gepflegte Lebenslüge. Bei uns gibt es Charaktere, die einfach für bestimmte Ressorts zuständig sind, deren letztes Wort dann auch akzeptiert wird.

Wolfgang Niedecken, Musikexpress/Sounds 2/1999

Wenn ich einen dieser assoziativen Texte geschrieben habe, und der ist länger als drei Strophen, hab ich schon ein ganz flaues Gefühl im Magen, wenn ich den Song der Band vorspiele. Die meisten hätten lieber kleine, kurze, unmittelbar nachvollziehba-re Geschichten. Dabei kann ich nicht anders, als instinktiv mei-nem Geschmack zu folgen, in mir rumzuhören und das raus-fließen zu lassen, was raus will.

Wolfgang Niedecken, »Auskunft«, 1990

Ich habe, wenn ich die Stücke schreibe, den Wolfgang immer im Hinterkopf; ich weiß sehr genau, wie er in welcher Stimmlage klingt.

Klaus »Major« Heuser, Blitz 10/1996

Die Texte hast du auch diesmal wieder alleine geschrieben?

Nur ich und mein Bleistift. Ich stehe auf altmodische Werkzeu-ge.

Wolfgang Niedecken, Musikexpress/Sounds 2/1999

Ich mach ja die Lieder für niemanden anders als für mich und meinen direkten Umkreis. Ich habe nie danach geschielt, wen ich denn nun damit erreichen müßte.

Wolfgang Niedecken, Subway 5/1995

Das Texten hilft mir, mit privaten Problemen klarzukommen. Solche Sachen verstopfen mir meine Gehirnwindungen, und wenn sie nicht rauskommen, kommt auch nichts anderes. Das muß irgendwie aufs Papier. Wenn das nicht so wäre, hätte ich wahrscheinlich keinen Antrieb, überhaupt etwas zu schreiben. Ich habe aber durchaus eine Grenze, wo ich sage, das geht keinen was an. Aber ich muß es trotzdem erst mal schreiben und kann dann immer noch entscheiden, ob das auf eine Platte oder in die Schublade kommt.

Wolfgang Niedecken, Mannheimer Morgen, 2. November 1990

Du hast dein Privatleben einschließlich Ehekrise immer wieder in Texten verarbeitet. Mir fällt kein anderer deutscher Songtexter ein, der derart zum Seelen-Exhibitionismus neigt.

Was die Beziehung zu Carmen angeht: Ich habe den Leuten das Hochgefühl dieser Beziehung in Stücken wie *Do kanns zaubere* vorgesungen. Da sollte ich, um nicht zu kneifen, auch dazu stehen, daß mir etwas in die Hose gegangen ist. Und warum soll ein Fan, der einem ganz normalen Broterwerb nachgeht und ganz normale Probleme wie Liebeskummer hat, ständig diese Popstars vor Augen haben, denen die gebratenen Tauben ins Maul fliegen.

Aber woher kommt dieser starke Mitteilungsdrang? Kollegen wie Grönemeyer oder Westernhagen ziehen einen Zaun um ihr Privatleben und fahren schließlich sehr gut damit.

Beide sind Schauspieler und wahrscheinlich eher gewohnt, in andere Rollen zu schlüpfen. Wobei ich auch denke, daß viel mehr Texte von ihnen autobiographisch sind, als sie sagen. Ich aber bin Maler, schöpfe allein aus mir selbst. Es ist jedoch nicht so, daß ich unbedingt ein Ventil brauche. Sieh es so: Ich habe viele Ventile, und da muß ja etwas durch.

Wolfgang Niedecken, Max 9/1993

Nicht alles in den Texten ist so passiert. Manchmal ist's ein kleiner Auslöser, und du spinnst da weiter. Ich lauf ständig rum wie ein ausgetrockneter Schwamm und saug auf. Ich hab ein ziemliches Elefantengedächtnis, bin ein Sensibelchen, ein politisch interessierter Mensch. Manches, was so im Kopf rumgeht, braucht ein Ventil – die Songtexte.

Wolfgang Niedecken, Audio 11/1988

Beim Texteschreiben leide ich immer Todesqualen. Nach dem Motto: Der vorige Text war der letzte, der dir gelungen ist, und der hier geht in die Hose, und ab jetzt funktioniert niiie mehr ein Text. Jedesmal ist das so! Aber dann kommt der Moment, wo die Sache flutscht.

Wolfgang Niedecken, Rheinische Post, 6. Oktober 1990

Deine Texte reflektieren immer noch klare Positionen, mit Fokus auf das kulturelle Biotop Köln. Geschrieben hast du sie aber unter anderem im indischen Badeort Calangute.

Langsam bin ich es leid, mich dafür zu rechtfertigen. Ja, ich kann mir den Luxus erlauben, mich in einen Weltwinkel zurückzuziehen, wo ich in Ruhe arbeiten kann. Warum sollte ich das nicht tun? In einem Café in Calangute habe ich zum Beispiel *Hück ess sing Band en der Stadt* geschrieben – ein Song über die Deutzer Sporthalle, wo ich am 30. März 1967 zum ersten Mal die Stones gesehen habe. Die Halle wird übrigens gerade abgerissen. Vielleicht ist der Verfall gewisser Werte und Traditionen diesmal unser Thema.

Wolfgang Niedecken, Musikexpress/Sounds 2/1999

Meine Textschreiberei hat sich im Laufe der Zeit gewandelt. Ich hab eins immer gemacht: Ich hab einfach angefangen, an irgendeiner Stelle, und hab eine Story entstehen lassen; nur die Stories haben sich geändert.

Ich hab früher Stücke gemacht wie *Ruut-wieß-blau querjestriefte Frau* oder *Sintflut*, die angelehnt waren an diese Bob-Dylan-Talking-Blues-Phasen. Damit bin ich in eine Richtung gekommen, wo ich die Leute auch dazu gekriegt habe, ernsthaft zuzuhören.

Am schönsten finde ich das, was dann passiert ist: Stücke wie *Verdamp lang her* oder *Kristallnaach*, wo ich einfach angefangen habe und mir nicht die Bohne überlegt hab: Was für'n Thema ist das gerade? Ich habe mich hingesetzt, hatte 'ne Idee, hatte ein paar Worte, hatte irgendwas auf der Klampfe und hab dann fließen lassen. *Verdamp lang her* hab ich geschrieben, und erst irgendwann, als ich an der letzten Strophe dran war, habe ich überhaupt gemerkt, daß ich da ein Gespräch mit meinem Vater am führen war.

Bei der *Kristallnaach* war das ähnlich, das ist während eines Griechenland-Urlaubes entstanden. Das ist so 'ne Macke von mir, daß ich sehr oft irgendwo hinkomme und mir überlege: »Wie sind hier die Umstände gewesen?« Zum Beispiel, wenn ich in Deutschland rumfahre: »Wie mag's hier in der Nazizeit ausgesehen haben?« Das ist irgendwie so'n Trauma. Oder ich fahr durch Frankreich und denk mir: »Wie mag das hier während der Besatzung gewesen sein?«

Kristallnaach ist für mich auch ein privates Thema. Ich habe ja eben gesagt, daß ich dieses Trauma habe, daß ich mir immer wieder vorstelle... Ich hab zum Beispiel Angst davor, daß die

Leute dann, wenn's hier mal wieder losgeht, keine Zivilcourage aufbringen. Ich glaube absolut nicht an die Zivilcourage in unserem Kulturkreis. Und wenn ich vom 10. Juni singe (Tag der großen Friedensdemonstration in Bonn, bei der auch BAP auftraten – Red.), dann singe ich auch wieder nur über das Gefühl, das ich gehabt habe, an diesem Tag, als ich auf der Bühne stand.

Wolfgang Niedecken, Musikexpress/Sounds 3/1983

Immer wenn ich einen Text fertig hab, frag ich Carmen: »Hab ich das schon irgendwo?«, denn meine Frau hat jede Zeile von mir im Kopf.

Wolfgang Niedecken, Audio 3/1986

Wir sind da in der glücklichen Lage, daß wir mit den Textinhalten voll übereinstimmen. Es hat auch keiner das Gefühl, das Stück eines anderen zu spielen, denn die Musik kommt von allen.

Manfred »Schmal« Boecker, Musik News, 16. September 1981

Ein Liebeslied, das wir heute schreiben, muß zwangsläufig anders klingen als vor 20 Jahren. Ich bin seit über zehn Jahren verheiratet, habe ein Kind. Das ist natürlich etwas ganz anderes als das erste Verknalltsein in das Mädel aus der Nachbarschaft.

Klaus »Major« Heuser, Blitz 10/1996

Bei BAP ist Feeling das wertvollste Wort überhaupt, sowohl bei den Texten als auch bei der Musik. Dementsprechend muß man dann natürlich auch in so einer Band Gitarre spielen. Die Band ist absolut nicht auf Technik getrimmt, mit Technik allein kommst du da echt nicht weiter. Meine Sachen für BAP müssen alle so gut sein, daß ich davon 'ne Gänsehaut kriege, dann bin ich zufrieden. Ich schreibe manchmal auch für andere Leute, aber da stelle ich nicht so einen hohen Anspruch – zum Beispiel die Nummer, die ich für den Beuys geschrieben habe...

Klaus »Major« Heuser, Fachblatt Musikmagazin 12/1982

Der »Major« beispielsweise war es leid, nur deine Texte zu vertonen?

Klar. Den hat zum Beispiel damals die Aussage von Wolf Biermann im *Spiegel* – Texte klasse, Musik Konfektion – unheimlich gefrustet. Und da kann am allerwenigsten der »Major« für. Der »Major« ist ein unheimlich guter Musiker, und wenn wir nur »Majors« hätten, dann wären wir musikalisch ein ganzes Stück weiter. Haben wir aber nicht. Das, was du hörst, ist das, was wir zusammen schaffen, wenn sich alle zusammen den Arsch aufreißen, vor allem um meine, das geb ich ja zu, nicht sonderlich musikfreundlichen Texte halbwegs interessant musikalisch umzusetzen. Und für den »Major« sind Texte, da hat er noch nie einen Hehl draus gemacht, eher unwichtig. Der ist damals auch nicht eingestiegen, weil er BAP-Fan war, das hat er ganz klar gesagt, sondern weil er glaubte, mit BAP am weitesten zu kommen. Akzeptier ich komplett.
Wolfgang Niedecken, Fachblatt Musikmagazin 3/1986

Irgendwann machen wir mal unsere *Exile On Main Street.*
Wolfgang Niedecken, Die Zeit, 28. August 1987

Ich bin wahrscheinlich der letzte Mensch auf der Erde, der noch mit normalen Instrumenten 'ne Rockplatte aufnehmen will.
Wolfgang Niedecken, Kleine Andere Trierer Zeitung 10/1995

BAP steht für selbstgemachte, authentische und ehrliche Musik. Aber heutzutage muß kein Instrument, kein musikalisches Handwerk mehr beherrscht werden, um den Sprung in die Charts zu schaffen. Kommt dir die Demokratisierung der Musik gelegen?

Na ja, die hat auch ihre Schattenseiten. Erstens garantiert dieser Computerkram noch lange keine Qualität. Und zweitens haben unter dieser Entwicklung auch Händler zu leiden, die zur Zeit einfach keine Abnehmer mehr für klassische Instrumente finden. Der Kölner Gitarrenladen, in dem ich mir seit den siebziger Jahren meine Gitarren gekauft habe, hat mittlerweile pleite gemacht.

Wolfgang Niedecken, Musikexpress/Sounds 2/1999

Daß im Studio hinter der Scheibe der ganze Haufen sitzt und jede Silbe von mir irgendwie bewertet, das ist das Grauen.

Wolfgang Niedecken, Rheinsche Post, 6. Oktober 1990

Wir wollen wissen, wo Niedecken die Grenzen seines Kölsch-Belcanto sieht.

Es gibt durchkomponierten Gesang, bei dem die Gesangslinie sehr früh festliegt, und dann gibt's Gesang, der sich über die Akkorde hangelt. Bei uns ist das mal so, mal so. Dadurch, daß ich nicht der musikalische Erneuerer bin, werde ich auch nicht auf die Wahnsinns-Gesangslinien kommen. Wer nach der Harmonielehre komponiert, kommt sicher auf andere Sachen als Klein-Wölfi.

Wolfgang Niedecken, Bonner 9/1993

Ich bin so was von 'nem Computerhasser! Sobald ich einen programmierten Schlagzeugsound höre, krieg ich schon die Pikkel...

Wolfgang Niedecken, Kleine Andere Trierer Zeitung 10/1995

Es gibt eigentlich nichts Sperrigeres als diesen Apparat BAP. Bevor wir tatsächlich eine Platte machen, passieren so viele Sachen, bei denen man denkt, das kriegt man nie unter einen Hut.

Wolfgang Niedecken, Kleine Andere Trierer Zeitung 10/1995

Ich kann nicht krampfhaft allgemeinverbindliche Bandtexte verfassen.

Wolfgang Niedecken, Die Zeit, 28. August 1987

Es gibt ja kaum Alben, die die volle CD-Spielzeit von 75 Minuten ausnutzen, und wenn du das machen willst, dann mußt du schon ein paar Sachen beherzigen. Du kannst da nicht Big Hit nach Big Hit einprügeln – das Album hörst du dir einmal an und dann vielleicht noch mal auf einer Fete, aber sonst macht dich das nur fertig. Du brauchst auf so einer Platte auch mal ein paar Räume zum gedanklichen Luftholen.

Wolfgang Niedecken, Subway 5/1995

Wenn ich Liebeskummer habe, dann schreibe ich vielleicht darüber, und wenn mich politische Probleme beschäftigen, mache ich ein politisches Lied.

Wolfgang Niedecken, Kölner Stadt-Anzeiger, 3. Juli 1982

»Major« ist ein sehr guter Produzent. Das hörst du schon an den Demos, die er macht. Das klingt alles schon sehr gut. Da sind eigentlich nur Gitarren und Keyboards sowie programmierter Baß und Drums drauf. Das ist quasi unsere Arbeitsvorlage bei seinen Songs. Später werden Cassetten mit Wolfgang getauscht. Meist nur mit Musik oder auch mal ein Song mit einem »Blendax«-Text. Und dann wartet man ab, ob ihm dazu ein richtiger Text einfällt. Davon hängt es ab, ob die Nummer letztendlich gemacht wird oder nicht.

Jürgen Zöller, Sticks 3/1997

Wer entscheidet, ob eine Nummer wirklich gut ist?

(Lacht) Ob eine Nummer sexy ist, können nur unsere Frauen entscheiden. Deswegen frage ich zu Hause auch manchmal nach, welches Stück Tina am besten gefällt. Die letzte Entscheidung treffen aber wir, den »Yoko-Ono-Effekt« gibt es bei BAP nicht.

Wolfgang Niedecken, Bild am Sonntag, 24. Januar 1999

Wie schreibt ihr Stücke?

Im Regelfall bekomme ich eine ziemlich weitgehend arrangierte Cassette. Mittlerweile auch mit Gesangsmelodie.
Wolfgang Niedecken, Aachener Zeitung, 17. August 1996

Ich habe ein Studio zu Hause und nehme da eigentlich schon alles auf. Mit Schlagzeugmaschine. 24 Spuren voll. Und dann sing ich da irgend etwas drauf... Dann gebe ich ihm die Cassette und wenn ihm etwas dazu einfällt, gut, und wenn nicht – schlecht.
Klaus »Major« Heuser, Aachener Zeitung, 17. August 1996

Bei den letzten drei, vier Platten war Klaus eigentlich der Hauptproduzent. Vor lauter Bandduselei stand aber immer drunter: »Produziert von BAP«.
Wolfgang Niedecken, Fachblatt Musikmagazin 9/96

Natürlich bringen alle anderen auch Ideen und Vorschläge ein. Aber es gibt Situationen, da muß jemand das letzte Wort haben. Das ist eine Frage von Anerkennung und Kompetenz. Ich glaube, daß Klaus von allen am besten produzieren kann, weshalb er diesen Job auch machen sollte. Die anderen Jungs sitzen ja auch nicht bei mir auf dem Schoß, wenn ich gerade die Texte schreibe.
Wolfgang Niedecken, Fachblatt Musikmagazin 9/96

Ich gehe morgens in mein Heimstudio und komme abends mit ein paar Ideen wieder raus. Im Monat schaffe ich dabei etwa einen fertigen Song, wobei ich täglich neue Ideen habe, die ich dann aufnehme und später überprüfe. Ob eine Idee gut oder schlecht ist, mache ich daran fest, wie ich selber Platten höre. Ich versuche sie wie ein neutraler Zuhörer zu beurteilen. Und wenn ich die Ideen richtig geil finde, dann wird daraus eine Nummer für BAP.
Klaus »Major« Heuser, Fachblatt Musikmagazin 9/96

Effekte kann ich nicht ausstehen. Ich kann auch die Leute nicht verstehen, die 'ne ganz gute Gitarre haben und dann auf einmal 33 Effektgeräte dazwischenschalten, das ist dann so eine riesige Latte, und es klingt trotzdem vollkommen daneben. Ich habe früher auch mal Effektgeräte gehabt, und dann habe ich Eric Clapton gesehen, und der hat überhaupt keine benutzt. Und da habe ich mir gedacht: Verdammt noch mal, das klang doch toll, jetzt setz dich hin und lerne erst mal Gitarre spielen und sieh mal zu, daß du das auch ohne Effekte hinkriegst. Dadurch habe ich dann gemerkt, daß der Sound eben sehr oft davon abhängt, wie man spielt, wie man anschlägt. Einen guten Sound machst du mit einer guten Gitarre, einem guten Verstärker und mit deinem Saitenanschlag und nicht mit irgendwelchen Effektgeräten.

Klaus »Major« Heuser, Fachblatt Musikmagazin 12/1982

Für mich gehört es auch zu meiner täglichen Arbeit, CDs zu hören – mit einem analytischen Ohr. Wenn ich produktionstechnische Dinge gut finde, mache ich mir Notizen dazu. Beispielsweise eine Gitarre trocken im Panorama nach links zu setzen, und eine mit viel Hall in der Mitte hinten.

Klaus »Major« Heuser, Fachblatt Musikmagazin 9/96

Du kannst bei uns als Musiker alles machen, aber sobald der Wolfgang singt, klingt's total nach BAP; er drückt allem einen dicken, großen, breiten, fetten Stempel drauf.

Klaus »Major« Heuser, Audio 11/1988

Platten

Auf ... rockt andere kölsche Leeder sind viele konkrete Erfahrungen mit Leuten verarbeitet, die wenig wissen und an das heile Weltbild glauben, das ihnen von konservativen Kräften vorgesetzt wird.

Wolfgang Niedecken, Wochenpost 16/1989

Die Arbeit an den Titeln für *Usszeschnigge* war für uns was ganz Neues. Hatten wir die ersten beiden LPs noch durchweg aus Stücken unseres jeweils aktuellen Repertoires zusammengestellt, so hatten wir es diesmal zu mindestens 50 Prozent mit Material zu tun, das wir noch nie vorher live angespielt hatten, das also noch von Grund auf zu erarbeiten war, und das drückte bislang ganz schön auf die Stimmung. Wir waren heilfroh, daß wir wenigstens schon die Hälfte der Stücke halbwegs draufhatten, sonst hätten wir an irgendeinem Punkt bestimmt überhaupt nicht mehr durchgeblickt. Eine solche Arbeitsweise waren wir eben nicht gewohnt.

War das beispielsweise eine Geburt, aus meiner Wanderversion von *Verdamp lang her* das zu machen, was schließlich auf die Platte kam! Nicht nur ich hing die meiste Zeit zwischen Verzweiflung und Langeweile rum – ein unbeschreiblich nervöses Feeling –, und so richtig glaubte keiner mehr an das Stück, bis der »Major«, mehr aus Quatsch als sonst was, diese Rockphrase in Moll dazwischenklimperte, die den Song im Endeffekt dann doch noch zum Leben brachte. Dann das Sakrileg, uns beim *Müsli Män* des Reggaes zu bedienen, oder bei *Frau* zum ersten Mal in genau umgekehrter Reihenfolge vorzugehen, nämlich erst die Musik und dann der Text. Eigentlich waren wir noch nicht viel schlauer geworden, als wir anschließend ins Studio umzogen, aber das war in dem Fall nicht mal so schlimm, denn nachdem wir auch die zweite LP unter ziemlichem Zeitdruck, nämlich in zwei Wochen, aufgenommen und abgemischt hatten, war diesmal endlich von vornherein genug Studiozeit veranschlagt worden. Viel ist bei mir von diesen Wochen allerdings nicht hängengeblieben – Kunststück, denn ich war nur da, wenn's unbedingt sein mußte, weil ich Studioarbeit hasse, infolgedessen in diesen meist fensterlosen Räumen zur Hektik neige und in der Regel damit den Rest der Band abtörne. Inzwischen hat sich die Firma an diesen Umstand gewöhnt, wir haben sogar aus dieser Not eine Tugend machen können, die so aussieht, daß der »Schmal« und ich uns weitgehend aus dem Studio raushalten und in der Zeit an Cover und Innenheft rumwerkeln.

Wolfgang Niedecken, »BAP övver BAP«, 1983

Vielleicht haben die Leute im Refrain und in Wortfetzen von dem kölschen Text etwas wiedererkannt, was auch für sie verdammt lang her war und Bedeutung hatte. Bei mir taucht im Orkan dieses Liedes jedesmal mein Vater auf, der glücklich scheint, aber immer noch nicht checkt, was sein schwarzes Schaf da treibt.

Wolfgang Niedecken, taz, 19. August 1995

Nach der letzten Tour waren wir alle dermaßen ausgelaugt, echt geschafft, und ich war an 'nem Punkt, wo ich nix mehr auf die Reihe bekam. In dem Stück *Hundertmohl* geht es ja um die Angst vor einer Stagnation, wo ich mir selbst in den Hintern trete, weil du tatsächlich an den Punkt kommen kannst, wo du nicht raffst, wie's weiterlaufen soll. Der Tourstreß führt zu 'ner geistigen Verödung, du bestehst nur noch aus Hotel und Bühne. Und so besehen hat die Live-LP *Bess demnähx* mehr gebracht, als man hätte erwarten können, abgesehen davon, dat sie sich auch wieder tierisch verkauft hat, bestverkaufte Live-LP in Deutschland, wat willste mehr? Das hat eben die notwendige Luft gebracht.

Wolfgang Niedecken, Musikszene 6/1984

Salzjebäck war auch bei mir an erster Stelle, eher von der Intensität her als vom Können. Vor allem wegen der vielen kleinen Träume, die wir damit verwirklicht haben. Aber jetzt ist sie von *X für 'e U* abgelöst worden. Bei allen unseren Platten bestand zwischen meinen Gefühlen und den Texten ein großer Zusammenhang. In den ersten beiden LPs steckt der Zynismus eines Durchhängers: keine Kohle, nicht wissen, was kommt, aber sich die Welt schönsaufen. Auf der *Usszeschnigge* und *Vun drinne noh drusse* die Liebeslieder, die »positive Abteilung Carmen«. Die *Salzjebäck*, als unser erstes Kind kam, die ganze Verantwortung – eine sehr grüblerische Platte. Die beiden letzten waren dann mehr vertontes Zeitgeschehen ohne große emotionale Highlights. Und jetzt ist die Ehe in die Hose – zynisch ausgedrückt: ganz gut, um den Blues zu kriegen. Und auf der anderen Seite die Abteilung »Neues Spiel – neues Glück«.

Wolfgang Niedecken, Live Dezember 1990/Januar 1991

Salzjebäck zog ja manchmal mit den Texten und der Musik 'n bißchen runter.

Wolfgang Niedecken, Fachblatt Musikmagazin 3/1986

Textmäßig würde ich sagen, hab ich noch nie so ausgeruhte Texte gemacht [wie bei *Salzjebäck un Bier*] – ich bin im nachhinein mit jeder Silbe einverstanden. Es ist diesmal viel über die Texte diskutiert worden, dat is auch neu. Viele Änderungsvorschläge sind eingegangen innerhalb der Band und auch verarbeitet worden. Früher hatte ich den Standpunkt: Ich steh hinter der Sache, also wat soll ich lang diskutieren. Man kann alles kaputtdiskutieren, und wat soll ich mit 'ner demokratischen Lösung, die dann nicht mehr zündet. Ich hab gemerkt, daß sich das nicht ausschließen muß.

Wolfgang Niedecken, Musikszene 6/1984

Zur Aufnahme von *Ahl Männer, aalglatt* gingen wir erstmals in ein Münchner Profi-Studio und engagierten einen Produzenten. Mit einem Acht-Spur-Tonband wurden die Stücke nach und nach eingespielt. Das war mir zu wenig organisch. Vorher sind die Platten durch gemeinsames Einspielen entstanden. Zunächst waren nur die Texte und die Grundakkorde da, und zusammen haben wir dann probiert: Wie kriegt man das ans Swingen, ans Grooven, ans Rocken. Wir haben so lange gespielt, bis wir sicher waren: das können wir jetzt aufnehmen.

Wolfgang Niedecken, Die Zeit, 28. August 1987

»Ahl Männer, aalglatt«, Niedecken und Kumpel im Spandau-Ballett-Look beim Barbier. Wie kommt man auf so 'ne Nummer?

Das Ding hat eher einen nachdenklichen Hintergrund. Ich war letztes Jahr drei Monate in der Türkei, so richtig in Ruhe, mit Frau und Kind. Ja, und da saß ich des öfteren beim Friseur, rasieren lassen. Steh ich tierisch drauf. Ich saß also da, und über dem Spiegel hing das Konterfei vom Staatschef, dat hängt da immer, dat muß aus reinem Opportunismus immer da hängen. Und wenn dat da nicht hängt, dann geht da auch keiner hin, denn wenn du da hingehst, wo kein Bild hängt, könnte ja einer auf den Gedanken kommen, du bist Kommunist. So einfach ist das. Aber nicht nur da, dat war bis vor gar nicht langer Zeit auch hier nicht anders. Kurzum, ich bekam so ein beklemmendes Gefühl und dachte so an die ganzen Staatsvertreter, immer korrekt in

Schwarz, auch an unsere, wie sie in Verdun Händchen halten oder bei Begräbnissen tief betroffen dreinschauen und die Kranzschleife zurechtrücken – den Wähler immer fest im Blick, nach dem Motto: je opportuner desto Karriere, wie Menschenrechtsverletzungen lächelnd am kalten Büffet zur Spinnerei erklärt werden, da kam ich auf die Idee zu dem Song. Die Umsetzung mit der Cover-Idee war dann nur noch die Sache von ein paar Überlegungen, dat ging uns im Kopp noch durch ein paar Etagen, und dann war klar: BAP macht mal auf Karriere-Optik.

Wolfgang Niedecken, Fachblatt Musikmagazin 3/1986

Die Band spielte das Material für *Da Capo* im Proberaum rauf und runter und ging erst, als man die Songs total intus hatte, ins Studio.

Das ist eine Konsequenz aus den Erfahrungen der vorherigen Produktionen. Wir waren uns einig, daß die Songs besser, organischer und schneller einzuspielen sind, wenn wir sie vorher wochenlang einproben, als ob wir mit ihnen auf Tour gehen wollten.

Wolfgang Niedecken, Musikexpress/Sounds 9/1988

Da Capo ist die erste Platte, die von vorn bis hinten live spielbar ist. Früher mußten wir immer irgendwelche Nummern weglassen, zum Beispiel *Time Is Cash, Time Is Money*. Denn ohne Mädels im Background klingt das wie ein wildgewordener Kegelclub.

Wolfgang Niedecken, Audio 11/1988

Beim Hören fällt auf, daß BAP auf »Da Capo« irgendwie kommerzieller klingen. Stimmt das?

Erst mal muß ich sagen, daß ich »kommerziell« nicht unbedingt negativ sehe. Bedingt durch die Entwicklung jedes einzelnen ist der Sound wahrscheinlich poppiger geworden und geht besser

rein. Kommerziell im negativen Sinne ist für mich, wenn zum Beispiel wahllos eine Band zusammengewürfelt wird und daraus 'ne Dr. Mabuse-Band Marke Milli Vanilli entsteht.
Wolfgang Niedecken, Badisches Tagblatt, 17. Dezember 1988

Ich bin mit der Produktion [von *Da Capo*] sehr zufrieden. Vor allem aber bin ich vom Wolfgang überrascht. Der hat sich total in die Produktion reingekniet und gesanglich alles probiert, hat Sachen probiert, die er früher nie gewagt hätte. Ich bin mit keinem hier so gut ausgekommen wie mit dem Wolfgang.
Klaus »Major« Heuser, Musikexpress/Sounds 9/1998

Wie hat sich dein Amerika-Aufenthalt auf den neuen BAP-Sound ausgewirkt?

Das war ganz seltsam. Natürlich war diese Zeit für meine Klangvorstellungen sehr prägend. Ich find zum Beispiel Bon Jovi total gut und wollte mal einen Song in dieser Richtung machen. Also setz ich mich hin und schreibe den Song, und wenn wir ihn dann ein paarmal gespielt haben, klingt er doch wieder wie eine typische BAP-Nummer.
Klaus »Major« Heuser, Musikexpress/Sounds 9/1998

Bei *Shanghai* und *Saison der Container* wußte ich direkt nach dem ersten Hören, was dazu paßt; bei den anderen Songs hat es ein wenig länger gedauert. Aber trotzdem ging das alles in so atemberaubendem Tempo, daß ich schon dachte, das kann nichts sein. Ich singe also zu »Majors« Cassetten die Texte, und er sagt: »Ja, super, prima.« Das geht in der Regel bei uns nicht so ab. Wir sind lauter grundverschiedene Typen, die irgendwo einen gemeinsamen Nenner haben. Alles muß so sein, daß es für alle okay ist. Das sind siebenerlei Prüfungsinstanzen – das kann schon manchmal ganz schön nervend und zeitraubend sein.
Wolfgang Niedecken, Audio 11/1998

Auf »X für 'e U« gibt's kaum Überraschungen...?

Was ist denn die Überraschung bei einer Platte. Für uns war die Überraschung beim Arbeiten an dem Ding die, daß wir wieder die Flexibilität haben, die wir seit 1985 nicht mehr hatten, seit *Zwesche Salzjebäck un Bier,* meiner Lieblings-LP. Wenn wir gemerkt haben, bei dem Stück wäre es viel schöner, wenn da noch Mädels mitsingen würden, dann haben wir gesagt: Okay, probieren wir's mal. Und wenn's gut ist, kommt's drauf. Oder wir machen mal 'ne Nummer ganz mit Orchester. Solche Sachen hast du bei uns früher nicht gehört. Das war viel statischer.
Wolfgang Niedecken, Westdeutsche
Allgemeine Zeitung, 27. Oktober 1990

Daß die bevorstehende Scheidung, die ganze Phase vorher, also meine Privatsituation, so stark in die Texte einfließt wie bei *X für 'e U,* ist mir manchmal gar nicht recht. Aber letztendlich hilft mir das Schreiben, mit einem Problem klarzukommen. Weil ich nie so gründlich über das, was mich beschäftigt, nachdenke wie beim Formulieren.
Wolfgang Niedecken, Rheinische Post, 6. Oktober 1990

Früher hat es in der Band zwei Fraktionen gegeben, da waren immer vier gegen drei. Das ist heute nicht mehr so, auch wenn die Songs von *X für 'e U* von zwei weitgehend voneinander getrennten Gruppen geschrieben worden sind. Der »Major« wollte zu Hause an seinen Stücken arbeiten und sich darauf konzentrieren. Bei mir war jeder der Gruppe herzlich eingeladen, an meinen Stücken mitzuarbeiten. Da war jeder aufgerufen, seinen Part oder eigene Ideen beizutragen.
Wolfgang Niedecken, dpa, 1. November 1990

Ich habe mir für *Pik Sibbe* vorgenommen, Sachen zu schreiben, die keiner Erklärung bedürfen. Es darf nicht sein, daß ohne autobiographische Einführung die Nummer nicht verstanden wird. Da es mir auch privat sehr viel besser ging als bei den vorherigen Platten, hatte ich viel weniger zu verbergen. Das bedeutet keinen Seelenstriptease, ich konnte einfach nur alles rauslassen. Wenn es einem gut geht, funktioniert das hervorragend.

Wolfgang Niedecken, WOM-Journal 10/1993

Hoffentlich bleiben wir auf dem Weg, den BAP mit *Pik Sibbe* eingeschlagen hat – nämlich die Sachen live im Studio zu entwickeln und viel davon live einzuspielen. Die Gefahr besteht allerdings, daß der »Major« schon in seinem Keller sitzt und alles vorbereitet, so daß man es nachher nicht mehr so machen kann, wie ich es jetzt lieber hätte.

Wolfgang Niedecken, Musikexpress/Sounds 3/1995

Es hat wohl noch nie eine BAP-Platte gegeben, wo so früh klar war, wie das Cover aussehen würde. Das Cover war entschieden, bevor der erste Song geschrieben war. Das lag an folgendem Umstand: Ich habe Sebastian Krüger bei einer Ausstellungseröffnung kennengelernt. Das ist jetzt zwei Jahre her. Ich mochte seine Bilder, Kunstwerke, die man nicht mehr Karikaturen nennen kann; und er mochte die Musik von BAP. Ich hab ihn also gefragt, ob er sich vorstellen könnte, unser nächstes Cover zu gestalten. Konnte er, denn kaum hatte ich die Frage gestellt, entwickelte Sebastian auch schon die ersten Ideen. Eine Pokerrunde, sieben Leute, die zocken. Aber mit dem Namen, dem Titel, dem Aushängeschild haben wir uns sehr schwer getan: »Mau Mau«, »Pokerface« und was da nicht noch alles war. Irgendwann kam dann *Pik Sibbe* auf – wir sind ja sieben Leute. Und da ich schon oft wie Pik Sieben dagestanden bin, war es das.

Wolfgang Niedecken, Access All Areas 6/1994

Der »Major« hatte selbst die Nase voll von diesen Sounds, die wir immer als »enternationale [sic] Popmusik« belächelt haben.

Schon nach den ersten Rohfassungen zu *Pik Sibbe* habe ich gemerkt: »Aha, er macht einfacher.«
Wolfgang Niedecken, Frankfurter Rundschau, 28. August 1993

Bei *Pik Sibbe* haben wir erstmals Mut zur Lücke gehabt, uns nicht krampfhaft bemüht, den Sound so dicht und kompakt wie möglich zu machen. Zudem haben wir einige Sachen live eingespielt, statt wie bisher jeden seinen Part einzeln aufs Band bringen zu lassen. Und zum ersten Mal ist auf einem BAP-Album kein einziger Gast zu hören. Ein absolutes Novum.
Wolfgang Niedecken, WOM-Journal 10/1993

Auf *Amerika* habe ich wie ein Geisteskranker experimentiert. Auf der ganzen Platte ist keine Gitarre zweimal drauf. Manchmal sind es bis zu 16 Gitarrenspuren auf einem Song. Nicht parallel, aber verschiedene Sounds, mal clean, mal verzerrt, mal akustisch, die wie ein Puzzle zusammengesetzt sind. Das ist nicht so einfach. Man muß viel ausprobieren und rumfummeln, welche Sounds passen, dabei aber auch noch zu hören sind.
Klaus »Major« Heuser, Fachblatt Musikmagazin 9/96

Die Songs auf *Amerika* sind nicht mehr »autobiographisch« in dem Sinne, in dem sie es früher einmal waren. Die Texte sind jetzt eher beobachtend: Ich habe versucht, mich in bestimmte Charaktere hineinzufühlen und zu schildern, wie es ihnen gehen könnte.
Wolfgang Niedecken, Kölner Illustrierte 9/1996

Du selbst trittst in den Texten auf »Amerika« etwas zurück, schlüpfst in die Rollen von anderen. Ist das eine bewußte Entwicklung?

Ich denke, ich gebe immer noch viel von mir in den Stücken preis. Außerdem ist es für mich ein Erfolg, fähig zu sein, in an-

dere Figuren hineinzuschlüpfen. Das hätte ich früher nicht gekonnt. Da hatte ich soviel Probleme, daß ich immer total ichbezogen geschrieben habe, um das erst mal zu verarbeiten.
Wolfgang Niedecken, Der Neue Tag, 8. September 1996

Und das beste Album von BAP...

... ist natürlich das vorläufig letzte Glied in der Kette: *Comics & Pin-Ups*, auf das wir sehr stolz sind.
Wolfgang Niedecken, Musikexpress/Sounds 2/1999

Ihr neues Album klingt richtig ausgelassen. Was ist neu an BAP?

Comics & Pin-Ups ist das erste Album, auf dem die neuen Bandmitglieder Jens und Werner unsere Musik richtig beeinflußt haben. Das hört man zum Glück. Außerdem haben wir das erste Mal so modern produziert, wie ich mir das noch vor drei Jahren nicht vorstellen konnte. Wir haben mit modernen Spielereien (Loops und Samples) gearbeitet. Das erste Mal ist BAP nicht nur handgemacht.
Wolfgang Niedecken, Bild am Sonntag, 24. Januar 1999

Wie siehst du persönlich die Entwicklung der Band zum Beispiel anhand der Produktion von »Comics & Pin-Ups«?

Die Musik ist vielfältiger geworden, da wir mehr Komponisten haben, aber ansonsten sehe ich keine sensationelle Neuerung in der Band. Die ist meines Erachtens vor der letzten Produktion vollzogen worden.
Klaus »Major« Heuser, Das neue Fachblatt Musiker Szene 2/1999

Was kannst du uns – aus der Sicht des Drummers – zur Produktion von »Comics & Pin-Ups« sagen?

93

Daß sie ganz anders verlief als alle vorher, weil wir wieder als Band gearbeitet haben. Es wurde in meiner Zeit bei BAP noch nie so intensiv gemeinsam an Songs geprobt wie für diese Produktion. Jeder hat sich den Arsch aufgerissen für die anderen – und dabei sind Songs herausgekommen, wie man sie von BAP sicherlich nicht erwartet. Wir haben zwar auch vorher viel gearbeitet, aber im Prinzip waren es ja immer nur zwei Leute, die für Text und Musik zuständig waren. Jetzt, wo beinahe jeder etwas beisteuert, hat man förmlich das Gefühl, den beiden fällt ein Stein vom Herzen – und deshalb agieren sie noch intensiver als je zuvor.

Jürgen Zöller, Das neue Fachblatt Musiker Szene 2/1999

»Amerika« konnte als Konzeptalbum verstanden werden, das sich mit der Ankunft des Rock'n'Roll in Deutschland beschäftigte. Liegt denn »Comics & Pin-Ups« auch ein roter Faden zugrunde?

So etwas ergibt sich während der Aufnahmen. Aus den Texten, die mir dann zu den Demobändern einfallen, ergibt sich mosaikhaft die Atmosphäre der Platte. Kein Konzept, aber eine durchgängige Stimmung.

Wolfgang Niedecken, Musikexpress/Sounds 2/1999

»Wolfgang Niedecken singt BAP«? Das wäre richtig interessant. Das wäre eine tolle Idee. Mal in das eigene Material einzugreifen und 17 Songs auszuwählen und mal so zu spielen, wie ich die jetzt nach all der Zeit spielen würde, ohne beim Rest der Firma nachfragen zu müssen, ob das dann auch genehm ist.

Wolfgang Niedecken, Musikexpress/Sounds 3/1995

Affrocke

*W*ie lange seid ihr denn jetzt auf Tour?

Bis einschließlich April 1983, also ein gutes halbes Jahr insgesamt. Das ist deswegen so lange, weil wir bewußt nur in den kleinen Hallen spielen wollen. Wir wollen nicht in diese Riesendinger, denn da geht uns der Kontakt zum Publikum total flöten. Wenn wir jetzt in die Westfalenhalle gehen würden, könnten wir in absehbarer Zeit zumachen, dann wären wir nur noch eine von vielen Bands, die auch mal in großen Hallen gespielt haben. Wir haben einfach Bock, vor Leuten zu spielen und dabei so 'ne vernünftige Beziehung hinzukriegen.
Wolfgang Niedecken, Fachblatt Musikmagazin 12/1982

Ich verstehe auch überhaupt nicht, wieso so viele Leute uns immer so wehleidig angucken und angesichts einer so langen Tournee schon fast nur noch Bedauern und Mitleid für uns übrig haben. Im Grunde ist ein Musiker doch dazu da, Musik zu machen, das ist ein Beruf, den man täglich ausübt. Ich habe echt Bock drauf, jeden Abend zu spielen, ich könnte niemals nur dreißig Tage im Jahr auf der Bühne stehen. Die Studioarbeit macht mir nicht besonders viel Spaß, aber das muß halt sein. Aber das Schönste an der ganzen Sache ist halt das Spielen, die Konzerte.
Klaus »Major« Heuser, Fachblatt Musikmagazin 12/1982

Mensch, wir sind jetzt in Hotels, da hätten wir früher von geträumt, wenn wir bei denen auf dem Rasen hätten pennen dürfen. Nur, auf so einer langen Tour kommst du irgendwann mal in ein Stadium der Ermüdung, wenn du sieben, acht, 14 Tage am Stück gespielt hast, dann bist du sogar froh, wenn du in ein Zimmer von diesen Novotels kommst. Die sehn nämlich in jeder Stadt gleich aus, und da freust du dich drauf, und du hast ein minimales Gefühl von Zuhausesein. Du pervertierst regelrecht, durch so'n Novotel läßt du dich anheimeln... total bescheuert.
Wolfgang Niedecken, Musik Szene 6/1983

Wir haben uns lange geweigert, in großen Hallen zu spielen, um die Atmosphäre kleinerer Sachen nicht missen zu müssen. Auf Dauer konnten wir uns der Herausforderung, in der Dortmunder Westfalenhalle, der Frankfurter Festhalle oder der Münchner Olympiahalle aufzutreten, nicht entziehen. Als Bonbönchen wollen wir aber gelegentlich auch wieder auf einer Bühne stehen, wo mir die Leute die Schuhe aufmachen können, wenn sie wollen.
Wolfgang Niedecken, Mannheimer Morgen, 2. November 1990

Nach und nach wurde ich absolut bühnensüchtig. Ich war von den Brettern nicht mehr runterzukriegen, solange auch nur ein einziger eine Zugabe verlangte. Ich sehnte mich nach den tausenden von jubelnden Armen mit Feuerzeugen und Wunderkerzen. Ich brauchte diese Zuneigung, diese Anerkennung. Diese Fremden liebten mich. Ich brauche es wie ein Junkie seinen Schuß. Ich hatte Angst vor allem, was außerhalb der Bühne lag. Das richtige Leben war unerträglich geworden.
Wolfgang Niedecken, »Auskunft«, 1990

Zum Glück sind wir mittlerweile so gut, daß die Leute trotzdem mit dem Gefühl nach Hause gehen, einen tollen Gig gesehen zu haben – auch wenn es bei uns mal nicht optimal läuft.
Wolfgang Niedecken, Musikexpress/Sounds 1/1989

Selbst wenn wir vor heimischem Publikum in Köln sieben Konzerte hintereinander geben, sind die alle verschieden. Im ersten Konzert werden die heißesten Fans sein. Nämlich jene, die zuerst an der Kartenvorverkaufsstelle waren. Also ist beim ersten Konzert schon mal mehr am Brodeln als beim siebten.

Wolfgang Niedecken, »Nicht nach Schema F«,
In: »Küssen verboten«, 1994

Ich bin mittlerweile verschrien als »Nörgler vom Dienst«. Nach dem Auftritt wartet die gesamte Mannschaft in der Garderobe auf meinen obligatorischen Konzertbericht. Erwartet wird dann ein dezentes »Na ja?!« oder ein »Es ging so gerade.« Und wenn ich dann einmal ein ausgesprochen positives Urteil abgebe, wird sofort eine Feier angesagt. Die absolute Euphorie verspricht eine Äußerung wie: »O ja, der Sound war gut.« Dieser Meinung war ich allerdings sehr selten, und so feiern wir dann auch fast nie.

Hans »Fonz« Wollrath, »BAP övver BAP«, 1983

Uns stinkt das genauso wie den Fans, daß sie an Schwarzmarkthändler Wuchersummen zahlen müssen. Um die Hamsterkäufe zu unterbinden, können wir aber doch nicht unsere Niedrigpreispolitik unterlaufen. Das BAP-Billett wird auch künftig die Zehn-Mark-Grenze nicht überschreiten.

Wolfgang Niedecken, Kölnische Rundschau, 17. April 1982

Laß uns doch realistisch sein: Ich stehe bei BAP voll in der Verantwortung. Ich gebe zu, daß ich mit BAP nie Lust habe, im Studio zu sein. Das ist immer ein Horrortrip. Aber mit BAP auf Tour zu gehen, das ist jedesmal klasse.

Wolfgang Niedecken, Musikexpress/Sounds 9/1995

Wie bereitet ihr euch auf so eine Riesentour vor, physisch beispielsweise?

Tja, wie solln wir uns vorbereiten? Es werden Sachen geprobt, und natürlich sind die Pausen diesmal besser plaziert. Aber es wird auch auf dieser Tour Tiefpunkte geben, dat kannste nicht ausschließen. Nur wollten wir solche Marathon-Dinger wie sieben oder noch mehr Konzerte an einem Streifen soweit wie möglich ausschließen. Ich persönlich werde den Streß unter Kontrolle zu halten versuchen, indem ich sooft wie's irgend geht, die Carmen mit dem Kleinen zum Tour-Troß kommen lassen werde.

Wolfgang Niedecken, Musikszene 6/1984

Bei uns haben die Roadies die gleichen Bedingungen wie wir, die gleichen Hotelzimmer zum Beispiel.

Wolfgang Niedecken, Musikexpress/Sounds 3/1983

Die Clubtournee war die Erfüllung eines lang verschobenen Wunsches. Wir haben immer gedacht, Mensch, das müssen wir noch mal machen, noch mal so klein spielen – was natürlich auch eine Herausforderung war. Es ist ja nicht so, daß wir uns sagen, wir gehen jetzt zuerst mal in die Clubs und machen es uns damit leichter. Das ist ja teilweise richtig schwer. Du stehst komplett pur da! Keine Hilfen vom Bühnendesign, kein großartiges Licht und vor allem kein Platz. Wenn es so extrem eng ist, dann kann das ein- oder zweimal ganz lustig sein, aber irgendwann nervt es dich, weil du ständig irgendwo anstößt und die Gitarre verstimmst, und am Ende stehen dann fünf Bill Wymans auf der Bühne.

Ja, und das Publikum kriegt alles mit. Die sehen jeden Pickel, jedes Grinsen und jeden erschrockenen Blick – oje, da ist was in die Hose gegangen. Die kriegen auch mit, wenn du unsicher bist und das Ding einfach nicht fließt, wie es fließen müßte.

Wir hatten am Schluß bei der Clubtour wirklich mit uns zu kämpfen, weil wir bei der Planung einige Böcke gebaut hatten. Jemand, der nicht so nah an BAP dran ist, konnte ja auf die Idee kommen: Jetzt sind sie kleiner geworden, jetzt will sie keiner mehr sehen. Und man mußte sich dann so Sprüche anhören wie: Na, einmal könntet ihr vielleicht doch noch mal die Halle Münsterland vollkriegen, oder?

Wolfgang Niedecken, Concerts 5/1991

Es ist nicht so, daß wir Produktwerbung machen, sondern Camel Collection bewerben unsere Tour, stehen auf allen Plakaten und dafür gibt's selbstverständlich auch Geld. Und du kannst jetzt, und das ist der springende Punkt, das Geld nehmen und in der Band aufteilen. Du kannst das Geld aber auch in die Produktion stecken und damit die Konzertpreise niedrig halten – so wie wir es tun. Wir sehen überhaupt keinen Pfennig von der Camel-Kohle, sondern geben es direkt an die Fans weiter. Wir müssen nämlich für die Hallen das gleiche zahlen wie jemand, der doppelt soviel Eintritt nimmt.

Wolfgang Niedecken, Concerts 5/1991

Ihr habt die gesamte Tourplanung diesmal in eigener Regie ablaufen lassen. Wart ihr mit der Firma Rieger nicht mehr zufrieden?

Wir machen diesmal alles selbst, zusammen mit örtlichen Veranstaltern. Wir können ja nicht im Bayerischen Wald selbst die Plakate ankleben. Zum anderen: Nicht zufrieden kann man nicht sagen. Die Firma Rieger hat an der letzten Tour soviel Geld verdient wie die ganze Band, das war schon überdurchschnittlich. Halbe-halbe bei einer doch relativ sicheren Sache, bei einer völlig ausverkauften Tour, das ist schon ein bißchen übertrieben. Ich meine, wir machen es weiterhin für die Leute so billig wie's eben geht, aber dann auch noch weiterhin zu teilen, also das wär doch echt weltfremd. Und da haben wir gesagt: Los, machen wir das Ding selbst, denn – ohne Strunzerei (Angeberei) – daß das wieder so gut läuft, war absehbar.

Wolfgang Niedecken, Musikszene 6/1984

Wir feiern auf der Bühne absolute Feste. Wenn du 18 Jahre unterwegs bist und beispielsweise in Bielefeld immer noch 4000 Leute ziehst, dann sind wir immer noch auf einem Uefa-Cup-Platz.
Wolfgang Niedecken, Lüner Anzeiger, 29. Januar 1997

Die Merkwürdigkeit der bei Rockmusik verwendeten Hallen scheint keine Grenzen zu kennen.
Wolfgang Niedecken, »BAP övver BAP«, 1983

So paradox sich das für einen BAP-Fan anhören mag: Was wir auf Tour machen, ist eigentlich ein nicht saison- und ortsgebundenes Karnevalfeiern.
Wolfgang Niedecken, Concerts 6/1991

Wenn die Leute mitklatschen, ärgert es mich nur, wenn einer im falschen Takt klatscht und uns rausbringt. Ich sage vorher an, daß man erst ab dem Bassdrum-Einsatz mitklatschen soll, aber wenn die Leute schon in der ersten Strophe lostoben, dann schielt die ganze Band auf »Majors« linken Fuß. Er hat den Takt und muß das wie in Trance durchhalten. Wenn er versagt, sind wir verloren.
Wolfgang Niedecken, Mannheimer Morgen, 2. November 1990

Ein gutes Konzert sollte sich von Beginn an langsam steigern und zum Schluß hin zum Fest werden. Die ganze Firma versuchte, den nötigen Spannungsbogen dafür zu erzeugen. Ich bin damals zum Beispiel zu Beginn mit der Gesamtlautstärke etwas heruntergegangen und habe im Verlauf des Gigs immer mehr beigegeben.
Hans »Fonz« Wollrath, »BAP övver BAP«, 1983

Wir haben Schwierigkeiten, wenn wir mit BAP auf Tournee gehen und dann zwischen diesen ganzen großen Hits mal zwei, drei Nummern vom neuen Album einstreuen wollen. Das ist richtig schwierig, da din Spannung aufrechtzuerhalten. Das ist einfach ungeheuer schwer nach so 'nem Ding, das jeder kennt. Gestern die Stones in Köln gesehen, wenn die dann auf einmal von ihrem bestimmt nicht schlecht verkauften Album drei, vier Nummern dazwischenspielen, da geht die Stimmung in dem Stadion irgendwie wieder auf Zero. Und dann muß aber auch schon wieder *Sympathy For The Devil* kommen, damit's weitergeht.

Wolfgang Niedecken, Rockmusiker 4/1995

Das Publikum kommt grundsätzlich zum Konzert, weil es die alten Hits möchte. Da muß ich fair sein und sagen, daß ich dieses Gefühl von mir selbst kenne, wenn ich zu den Stones gehe. Kommen auf diesem Konzert nicht meine fünf Lieblingssongs, dann fühle ich mich hinterher nicht so gut.

Wolfgang Niedecken, Fritz 1/1997

Bei unseren Konzerten stehen nicht nur die Thirtysomethings in der ersten Reihe, sondern durchaus auch ein jüngeres Publikum.

Wolfgang Niedecken, Musikexpress/Sounds 2/1999

Plötzlich ist das Tourleben vorbei. Das ist ein eigenartiges Gefühl, zu Hause zu sein. Man fühlt sich ein wenig amputiert. Wir haben schließlich ein sehr familiäres Verhältnis, weil wir uns alle seit Jahren kennen. Da wohnt keiner in anderen Hotels oder bewegt sich in unterteilten Backstage-Bereichen.

Wolfgang Niedecken, Fritz 1/1997

Wir leben nie gesünder als auf Tour. Dann stehen wir wenigstens nicht jeden Tag hinter irgendeiner Theke in der Südstadt.

Wolfgang Niedecken, Kölnische Rundschau, 17. April 1982

Die Leute, die vor 20 Jahren zu unseren Konzerten kamen, sind heute gesetzt – die meisten jedenfalls. Von denen rennt keiner mit einer Lederjacke durch die Gegend und geht auf Rockkonzerte. Die Hallen werden von jungen Leuten vollgemacht. Wir staunen zwar selbst, aber wir haben im Lauf der Zeit immer neue Fans dazugewonnen.

Wolfgang Niedecken, Schwäbische Zeitung, 3. September 1996

Bei einer Veranstaltung zu Ehren von Heinrich Böll war auch eine chinesische Germanistin anwesend. Sie hat über das Frauenbild in den Romanen Bölls promoviert. Nach all den Reden kam sie und fragte uns, ob wir nicht Lust hätten, in China zu spielen. »Klar«, sagten wir, »China, haha, mach klar.« Sie hat's klar gemacht.

Wolfgang Niedecken, Musikexpress/Sounds 4/1987

Was hat BAP die China-Tournee im Frühjahr gebracht?

Das war ein genialer Betriebsausflug. Am wichtigsten daran war, daß wir in ein Land kamen, das von Rockmusik noch total unbeleckt ist. Da gibt es eine positive Voreingenommenheit: Alles, was aus dem Westen kommt, muß gut sein. Die haben manchmal an Stellen applaudiert, wo wir uns fragten: Warum klatschen die denn? Aber der Funke ist übergesprungen, und es ist schon Wahnsinn, so was noch erleben zu können.

Wolfgang Niedecken, Audio 11/1988

Unglaublich, hier kommen die Sachen am besten an, mit denen ich mich zu Hause total lächerlich machen würde. Die Chinesen geben Szenenapplaus, wenn ich beim Gitarrensolo auf die Knie falle. So was kann man sich bei uns seit Jimi Hendrix wirklich nicht mehr leisten.

Klaus »Major« Heuser, Musikexpress/Sounds 12/1987

Es war auf jeden Fall toll, mitzubekommen, was Rockmusik in ihren Anfängen mal war und was sie dort immer noch ist. Rockmusik ist ja hier in Europa, in Amerika und sogar in der UdSSR schon ein total etablierter Bestandteil der Kultur, ist zum Alltagsgut geworden. China kennt Rockmusik überhaupt nicht... Auf unserem Tourplakat in China stand »Moderne Musik«, denn den Begriff »Rockmusik« kennen die da gar nicht. Wenn man dort spielt, wird einem wieder klar, was diese Musik für Reaktionen hervorrufen kann, welche Kraft sie hat. Das Überraschende war, daß die Konzerte fast so waren wie bei unseren Anfängen in Deutschland: viel Tanz, viel Bewegung. Das war unheimlich schön zu erleben, wie unsere Musik dort ankam.

Klaus »Major« Heuser, Stuttgart Live 11/1988

Wenn's darum geht, uns stolz als erste deutsche Band in China zu präsentieren, sind wir plötzlich Botschafter der Jugendkultur und alle Politiker schütteln uns die Hand. Als es aber im Vorfeld darum ging, uns finanziell zu unterstützen, wie das für klassische Orchester gang und gäbe ist, war von »Kulturbotschafter« rein gar nichts zu hören.

Wolfgang Niedecken, Musikexpress/Sounds 12/1987

Was war der größte Unterschied zwischen den Tournee-Erlebnissen in China und der Sowjetunion?

Wenn man es auf die Rockmusik beschränken will, besteht der größte Unterschied darin, daß Rockmusik in China zur damaligen Zeit vollkommen unbekannt war. Moskau kommt mir demgegenüber sogar noch westlicher vor als Ost-Berlin. Der Wissensstand ist groß in der Musik- und Kunstszene. Da ist überhaupt nichts von einem »Eisernen Vorhang« zu spüren. Es ist einer der guten Aspekte dieser Reise, daß wir mithelfen können, dieses Klischee abzubauen.

Wolfgang Niedecken, Music Scene 9/1989

Mit welcher Intention habt ihr diese UdSSR-Tournee gemacht?

Zuerst haben wir uns gefragt, was die ganze Reise bringen soll, zumal wir international nicht bekannt sind. So kam eben die Idee, nicht nur in Moskau, sondern auch in Wolgograd [der Partnerstadt Kölns] zu spielen und diesen »event« zum eigentlichen Inhalt der Tournee zu machen: Die Tatsache, daß 45 Jahre nach der Schlacht um Stalingrad eine deutsche und eine sowjetische Band [Brigade S] gemeinsam dort spielen.

Nachdem in der *Prawda* ein Artikel stand, in dem der politische Leitgedanke dargestellt wurde, war das den Leuten schon genug an Politik. Bis 1987 hatten nahezu alle politischen Berichte in der Zeitung den Makel der Unglaubwürdigkeit. Seit Gorbatschow werten die Leute wieder fein aus, was sie lesen. Es nützt aber nichts, wenn in der *Prawda* ein noch so toller Artikel steht, aber die Leute ihn nicht glauben. Daher gaben 400 Leute ihre Karten zurück; am nächsten Abend war die Bude aber fast voll, und am Abend danach war sie rappelvoll. Das ist paradox, daß man drei Tage gebucht hat, und am dritten Tag ist der größte Zuspruch da.

Wolfgang Niedecken, Aachener Nachrichten,
11. September 1989

Wenn der Wolfgang beim Konzert 'ne Textzeile ausläßt, muß ich der Band ein Zeichen geben. Fehler bemerke immer zuerst ich.
Klaus »Major« Heuser, taz, 30. August 1996

Unser größtes Problem in der »Gründerzeit« war sicherlich Wolfgangs »Elfenbeinstimmchen«. Ähnlich den einzelnen Herren mit ihren Instrumenten wußte auch er mit seiner Stimme noch nicht so richtig umzugehen. Heute ist das natürlich kein Thema mehr. Er hat gelernt zu singen. Trotzdem verblüfft er mich immer wieder. Die zwei, drei Stones-Stücke bei den Zugaben hätte ich ihm eigentlich nie zugetraut.
Hans »Fonz« Wollrath, »BAP övver BAP«, 1983

BAP sind kürzlich sogar auf dem Schulhof aufgetreten. Wie kam das?

Das war ein Abiturs-Gag am Kölner Humboldt-Gymnasium. Wir fanden die Idee so super. Morgens um halb acht auf dem Schulhof – das war der früheste Auftritt meines Lebens. Und wird's auch bleiben.

Wolfgang Niedecken, Audio 11/1988

Die Krise: *Ahl Männer*

A ls wir *Ahl Männer, aalglatt* machten, gab es das erste Mal einen Riesendruck. Von uns selbst. Zwänge, die wenig durchließen.
Wolfgang Niedecken, FAZ-Magazin, 28. August 1987

Wir haben ja auch unsere Krisenplatte gehabt, damals *Ahl Männer, aalglatt*. Wir waren in dieser Zeit einfach völlig verunsichert. Von allen Ecken her kam man: So könnt ihr doch nicht immer nur weitermachen!
Wolfgang Niedecken, Kleine Andere Trierer Zeitung 10/1995

Wir wollten mit *Ahl Männer* einmal eine Platte aufnehmen, so wie halt angeblich die internationale Klasse aufnimmt. Das hat uns allen nicht so richtig gefallen, deswegen haben wir jetzt die Platte gemacht, die alle gut finden.
Klaus »Major« Heuser, Stadtmagazin Augsburg 12/1988

Wir haben uns damals, als dieser *Ahl Männer*-Knatsch war, leider nicht in die Haare gekriegt. Wenn wir früh genug gesagt hätten, »darüber muß jetzt geredet werden, das finde ich Scheiße«, hätten wir uns den ganzen Knatsch sparen können.
Wolfgang Niedecken, Westdeutsche Allgemeine Zeitung, 27. Oktober 1990

Des Pudels Kern hieß in diesem Fall *Nie Met Aljebra*, inzwischen das Herzstück von Niedeckens Solowerk. Das Zehn-Minuten-Opus ist eine monologische Kindheitserinnerung.

Ich habe keinen Grund zu nörgeln, weil sich die gesamte Band gegen dieses Stück entschieden hat. Wer bin ich denn, daß ich den anderen meine Sachen aufschwatze! Ich kann nicht hingehen und sagen: »Hört mal, dieser Song ist mir so wichtig, bitte stell doch mal deinen Geschmack hinten an.«

In der jetzigen Fassung dauert *Nie Met Aljebra* circa zehn Minuten. Zu der Zeit, als die Nummer für *Ahl Männer* vorgesehen war, dauerte sie noch eine geschlagene Viertelstunde. So ein Ding kann nur funktionieren, wenn bei allen die Begeisterung dafür vorhanden ist – und deswegen war der Song weg.

Wolfgang Niedecken, Musikexpress/Sounds 4/1987

Abgesehen davon, daß das übliche Problem, nämlich die Überlänge meiner Texte, auftauchte, war auch irgendwie allen klar, daß es jetzt nicht *Für Usszeschnigge* fünfter Teil werden durfte.

Wolfgang Niedecken, Fachblatt Musikmagazin 3/1986

Ich persönlich sähe es sehr gerne, wenn alles, was den einzelnen Bandmitgliedern einfällt, irgendwann aufs Tapet gebracht würde. Nur, das passiert nicht. Der Steve werkelt seit Jahren zu Hause an irgendwelchen Sachen herum, die er noch nie jemandem vorgespielt hat. Der »Effendi« strengt sich inzwischen an, um eigene Stücke anzubieten. Aber in dem Maße, in dem sich »Majors« musikalischer Einfluß vergrößerte, hat sich der der übrigen verringert. Ich bin da nicht ausgeschlossen. Zu *Ahl Männer* habe ich musikalisch überhaupt nichts beigesteuert.

Wolfgang Niedecken, Musikexpress/Sounds 4/1987

Dann lernten wir den Mack kennen, nach dieser Produktion von *Nackt im Wind* [von *Band für Afrika*, dem deutschen Pendant zu Bob Geldofs *Band Aid*-Projekt 1984/85] – und dann produ-

zierte der auf einmal 'ne BAP-LP, als wenn wir Queen gewesen wären. Queen sind mir nur am Arsch vorbeigegangen. Aber ich habe mich dann damit getröstet, daß der Mack auch bei der Produktion der *Black & Blue* von den Stones dabeigewesen ist und auch mitproduziert hatte – vielleicht passierte ja was in die Richtung. Aber letztendlich hat mich die Produktion von *Ahl Männer* richtig fertiggemacht: Ich habe die Songs nachher wiedergehört – und meine eigenen Stücke nicht mehr erkannt.
Wolfgang Niedecken, Kleine Andere Trierer Zeitung 10/1995

Ich bin eben nicht Freddie Mercury.
Wolfgang Niedecken, Musikexpress/Sounds 2/1999

Du hörst auf der Platte Macks Handschrift, und das ist nur fair. Der Typ hat sich derart in die Produktion reingehängt, Anregungen gebracht, uns zu Sachen ermuntert, auf die wir nie gekommen wären. Der wurde der achte BAP, da kann das dann auch so klingen, muß es sogar, würde ich sagen.
Wolfgang Niedecken, Fachblatt Musikmagazin 3/1986

Die Produktion und Vorgehensweise bei diesem Album hat mir überhaupt nicht behagt. Der »Major« saß zu Hause und hat sich zu meinen Texten Musik einfallen lassen. Meistens kam dann die Nummer: Der Text ist aber zu lang, kann man da nicht etwas kürzen? Im Proberaum wurde auch nicht gespielt, sondern möglichst viel per Linn- und Simmons-Drum zusammengebastelt. Es war eigentlich nie so, daß wir alle gemeinsam die Stücke gespielt haben. Aber eine Band ist doch nur deswegen eine Band, weil sie zusammen Musik macht.
Wolfgang Niedecken, Musikexpress/Sounds 4/1987

Ahl Männer war die erste und einzige Platte, die wir mit einem Produzenten gemacht haben. Ausgerechnet die Fraktion, die dafür war – »Schmal«, Jan Dix und ich –, war am unglücklichsten darüber, wie es lief. Aber es ist gut, daß wir's so gemacht haben. Und strategisch hätten wir uns den Streit nie genialer überlegen können. Die Stones bringen die Nummer schon zehn Jahre.

Wolfgang Niedecken, Audio 11/88

Niedecken macht ein Soloalbum – Krise bei BAP?

Also, man darf nicht Ursache und Wirkung verwechseln. Es heißt offiziell nicht: Ich mache ein Soloalbum und BAP Pause. Es ist genau andersherum. Es ist in der Band per Abstimmung beschlossen worden, eine längere spiel- und studiofreie Zeit einzulegen. Anderthalb bis zwei Jahre. Dadurch hatte ich endlich mal Zeit, das zu tun, was mir schon länger im Kopf herumschwirrt. Es ist ja wohl klar, daß ich mehr Stücke schreibe, als auf BAP-LPs passen. Außerdem kam dazu, daß ich mit einigen Musikern schon immer einmal oder immer noch mal spielen wollte.

Wolfgang Niedecken, Musikexpress/Sounds 4/1987

Warum hat BAP Platte nicht Platte sein lassen?

Für den reinen Seelenfrieden wär's vielleicht besser gewesen, zu sagen: »Laßt uns einander 'ne Zeitlang total aus dem Weg gehen.« Wir haben's nicht gemacht, und es ist gutgegangen; es hätte aber auch furchtbar in die Hose gehen können.

Wolfgang Niedecken, Audio 11/1988

Und wie hat BAP den ersten großen Krach verarbeitet?

Es ist doch völlig normal, daß man nach so vielen Jahren mal aneinandergerät. Natürlich ist das jedem in der Band an die Nieren gegangen. Ich war damals auch geknickt, als man an meinen Texten rummeckerte, und war auch total unzufrieden, wie die

Arbeit im Studio bei *Ahl Männer* ablief. Es ist wichtig, daß wir diese Erfahrung gemacht haben.

Wolfgang Niedecken, Musikexpress/Sounds 9/1998

Vor einiger Zeit war von Streit, Unstimmigkeiten über Text und Musik zwischen euch beiden zu hören, jetzt seid ihr wieder in trauter Zweisamkeit zu sehen.

Der Streit, der da immer gern zitiert wird, war vor der *Ahl Männer*-LP vor drei Jahren. Vor einem Jahr waren wir zusammen in China. Damals ging es auch weniger um Streit als um inhaltliche Sachen. Wir waren lange im ständigen Platte-Tour-Platte-Rhythmus. Da haben wir irgendwann einfach eine Grundsatzdiskussion gehabt, in welche Richtung es weitergehen sollte...

Klaus »Major« Heuser, Stadtmagazin Augsburg 12/1988

... und da waren wir unterschiedlicher Meinung. Während bei mir die Texte die Tendenz hatten, eher länger als kürzer zu werden, ging er auf den Bauchnabel zu, also in Richtung kürzere Geschichten. Es gab halt Leute, die lieber in die andere Richtung gingen, also lieber kürzer und einfacher. Das gab Anlaß zu diskutieren. Das ist aber nur ein Punkt gewesen von dem, was irgendwann mal zur Sprache kommen mußte. Dieses Tour-Platte-Tour-Platte führt natürlich auch dazu, daß du sagst: »Wolln wir nicht diskutieren, spielen wir. Morgen spielen wir da und dann noch mal, schaun wir, daß wir das geregelt kriegen.« Und dann verschiebst du das. Irgendwann kommt es zur Sprache, logischerweise, wenn es zur neuen Platte geht, dann ist es da.

Wolfgang Niedecken, Stadtmagazin Augsburg 12/1988

Dann war'n wir uns wirklich nicht einig. Es stand 4:3, und Wolfgang war dagegen. Was das Tolle ist bei BAP, es wurde gesagt, jetzt machen wir das einmal so, danach reden wir noch mal drüber. Bevor man so etwas nicht ausprobiert hat, kann man nicht großartig weiterdiskutieren. Es war dann jedem klar, daß eine Platte wie *Ahl Männer* eine einmalige Sache war, die auch sein mußte.

Klaus »Major« Heuser, Stadtmagazin Augsburg 12/1988

War BAP damals tatsächlich am Ende?

Die Überlegung, nicht mehr zusammenzuspielen, hat es nie gegeben.

Klaus »Major« Heuser, Audio 11/1988

Das war nur ein Gerücht.

Wolfgang Niedecken, Audio 11/1988

Wenn das unser Wellental war, dann können wir gerne noch ein paar davon haben, denn die Platte war kommerziell komplett erfolgreich.

Wolfgang Niedecken, Stadtmagazin Augsburg 12/1988

Im nachhinein bin ich auch glücklich darüber, daß wir nach der '86er-Tournee eine längere Pause gemacht haben. Dadurch konnte ich mein Complizen-Projekt durchziehen, was für mich enorm wichtig war. BAP hatte sich nach sieben Jahren total festgefahren, da lief fast alles nach eingefahrenen Mustern ab. Davon mußte sich, glaub ich, jeder in der Band mal befreien. Mir hat die Complizen-Sache viel von meiner Spontaneität wiedergegeben. Es war toll, nach Moçambique zu fahren mit ein paar Freunden, die man kurz vorher zusammengetrommelt hat, um dort ein paar Konzerte zu spielen, ohne vorher groß zu proben und zu planen. Und beim »Major« war das ähnlich. Der hat sich einen Traum erfüllt, mal in Amerika zu arbeiten, hat neue Impressionen gesammelt, noch einmal in Ruhe über BAP nachgedacht und ist dann mit neuen Songs zurückgekommen. Wir haben uns dann zusammengesetzt, und das alte Feuer war plötzlich wieder da.

Wolfgang Niedecken, Musikexpress/Sounds 9/1989

Mich hat die Arbeit an *Schlagzeiten* unheimlich angetörnt. Ich habe mich im Studio noch nie so wohl gefühlt wie diesmal. Wir haben uns Zeit gelassen, bis sich jeder in jedem Song richtig auskannte. Ich habe viel gelernt, was hoffentlich bei BAP seine Anwendung finden wird. Denn noch einmal so eine Produktion wie *Ahl Männer* – darauf hab ich wirklich keinen Bock.

Wolfgang Niedecken, Musikexpress/Sounds 4/1987

Ein sehr gravierender Einschnitt war eigentlich der, daß mit meiner Solo-LP BAP gezeigt wurde, daß man Flexibilität behalten kann, obwohl man einen sehr eingefahrenen Apparat hat. Mit den Complizen wurden auf einmal Sachen gemacht, die mit BAP anscheinend nicht mehr möglich waren. Die Nicaragua-Tour zum Beispiel.

Wolfgang Niedecken, Westdeutsche Allgemeine Zeitung, 27. Oktober 1990

Die Zusammenarbeit mit dem Matthias [Keul] war von vornherein klar. Er hatte schon bei *Affjetaut* mitgespielt, als wir einen amtlichen Keyboarder brauchten. Die Kooperation mit Dominik [von Senger] hat wohl einige in unserer Szene verwundert: »Wat, der spielt met! Dat kann doch nit wahr sin…?« Über das Thema Gitarrist war ich mir am längsten im unklaren. Wenn wir einen typischen Rock'n'Roll-Gitarristen ins Boot genommen hätten, der zu jedem Song das amtliche Solo hinschmettert und dauernd den Vergleich mit »Major« antreten muß, wäre das wohl eine einfache, aber keine gute Lösung gewesen. Nun, im Proberaum habe ich schon manches Mal gedacht: Mein Gott, würde Dominik doch endlich mal ein Solo abfahren. Aber der groovt und groovt, bis an die Grenze der Belastbarkeit. Als ich ihn ganz vorsichtig bat, mich doch endlich mal zu verblüffen, antwortete er: »Ich hab das alles hier in meinem Rucksack und werde es bei passender Gelegenheit auspacken.« Mittlerweile hat er's ausgepackt.

Bei dem Stück *Neu Leed* steckten wir irgendwie fest. Der Text ist ziemlich lang, und die Musik entwickelte sich auch nicht so, wie es sein sollte. An dem Abend, als gar nichts mehr lief, hatten sich einige verabredet, ein Konzert des Paul Kuhn Trios zu besuchen. Am nächsten Tag schlug Matthias aus Quatsch vor, wir sollten die Nummer »auf Paul Kuhn« machen. Er fing an zu klimpern, alle stiegen ein, und plötzlich lief's. Wenn man will, daß etwas wie das Original klingt, muß man bekanntlich das Original ranholen. Paul Kuhn wohnt um die Ecke – und wir kannten ihn auch smalltalkmäßig. Ich fragte ihn: »Paule, haste Lust?« und Paule hatte Lust. Ist eine tolle Nummer geworden.

Zunächst dachten wir, daß wir keinen Produzenten brauchen. Es sollte eine Gemeinschaftsproduktion werden. Aber man kann die Stücke noch so gut kennen: Irgendwann sieht man den Wald vor lauter Bäumen nicht mehr. Dann muß einer ran, der das Knäuel entwirrt, der selektiert: die deecke vun de dünne halt. Ursprünglich sollte Herwig Mitteregger die Sache übernehmen. Aber sein Tempo und sein Temperament paßte nicht zu unserem. Matthias und Herwig gerieten zweimal heftigst aneinander. Als die Sache ausgestanden war, kamen wir auf das Naheliegende: Wir riefen Wolf Maahn an.

Wolfgang Niedecken, Musikexpress/Sounds 4/1987

Der Jürgen [Zöller] ist sofort von allen Bandmitgliedern begeistert aufgenommen worden und hat so auch unbewußt einiges gekittet.

Wolfgang Niedecken, Musikexpress/Sounds 9/1988

Neue Männer braucht die Band

D er Gedanke, daß die beiden nicht mehr dabei sind, ist für
uns immer noch merkwürdig. So austauschbar sind sie ja
nicht.

Wolfgang Niedecken, Fachblatt Musikmagazin 9/96

Mit BAP war das wie in einer langen Ehe. Entweder man verändert mal was, oder man geht auseinander. Ich bin froh, daß die
Trennung von Manfred »Schmal« Boecker (Percussion) und Bassist Stefan Kriegeskorte (»Steve Borg«) gütlich abging. Jetzt sind
wir wieder 'ne klasse Kapelle.

Wolfgang Niedecken, Kölner Express, 11. Juni 1996

Wir waren nahe dran, uns aufzulösen. Dann sind Steve und
»Schmal« von sich aus gegangen. Es war eine schwere Zeit.

Wolfgang Niedecken, Rolling Stone 12/1996

Welchen Effekt haben die neuen Musiker auf die Band?

Von dem alten Geist, der vor fast zwei Jahrzehnten zur Gründung von BAP führte, ist wieder etwas zurückgekommen. Die Leute, die jetzt mitspielen, haben alle einen Riesenspaß. Jeder freut sich jeden Morgen auf den Probenanfang, und wir spielen, bis wir nicht mehr können. Ich kann mich nicht erinnern, wann das zuletzt so war.

Wolfgang Niedecken, Bremer 12/1996

Von einer Rockband oder einer Fußballmannschaft wird erwartet, daß sie immer zusammenbleiben. Die haben wie die sieben Zwerge zusammenzuhocken und dufte zu sein. Dabei ist es das Normalste von der Welt, sich auseinanderzuleben.

Wolfgang Niedecken, Bremer 12/1996

Das ist so eine komplexe Geschichte, da könnte ich ein Buch drüber schreiben.

Manfred »Schmal« Boecker, Kölner Express, 4. April 1996

Als ich an eine Trennung dachte, habe ich gemerkt: BAP ist wie ein Kind von mir. Da kann ich nicht aufhören. Da steckt soviel Persönliches drin, soviel Herzblut.

Klaus »Major« Heuser, Bild am Sonntag, 4. August 1996

Die Band hatte einen Kolbenfresser. Nach fast 20 Jahren entwikkeln sich Biographien auseinander, es wird schwieriger, etwas miteinander zu machen. Nimm nur mal den »Schmal«. Den habe ich 1970 bei der Aufnahmeprüfung für die Kunsthochschule kennengelernt. Ich führe mittlerweile die zweite Ehe, bin Vater von vier Kindern. Der »Schmal« ist aber bis heute Junggeselle... Man kann dann entweder die Fassade für die Nachbarn aufrechterhalten. Oder man bringt die Power auf und sagt sich: Laß uns in Freundschaft einen Schlußstrich ziehen. Der »Schmal« und Steve sind dann von sich aus gegangen, ganz sauber, auch finanziell.

Wolfgang Niedecken, Leipziger Volkszeitung, 23. August 1996

Steve und »Schmal« wurden, das möchte ich betonen, nicht gefeuert.

Wolfgang Niedecken, Rolling Stone 9/1996

Man sollte sich endgültig von der Vorstellung des »Familienunternehmens BAP« verabschieden, denn das hörte wohl schon mit der Platte *Ahl Männer, aalglatt* auf. Ich war da ja noch nicht dabei, aber zu diesem Zeitpunkt ging es da um Ansprüche und nicht erfüllte Ansprüche, also letztendlich um die Qualität. Da stand die Band das erste Mal kurz vor der Auflösung, und der Wolfgang hat dann die Complizen ins Leben gerufen. Er brauchte halt den Freiraum für Songs, die er gerne machen wollte, die Band BAP aber nicht. Ähnlich war es dann 1994 mit den Bob-Dylan-Songs.

Jürgen Zöller, Sticks 3/1997

Ich habe für *Amerika* die besten Stücke meines Lebens geschrieben. Und ich behaupte: So 'ne gute Band wie BAP jetzt ist, gibt es sonst in Deutschland gar nicht.

Klaus »Major« Heuser, Kölner Express, 11. Juni 1996

Steve Borg kam ja doch eher aus der Cello-Ecke, aber mit dem neuen Bassisten Werner Kopal groovt das jetzt wie Hölle.

Jürgen Zöller, Rolling Stone 12/1996

Die Leute, die bei uns arbeiten, haben wir nicht nach irgendwelchen fachlichen Kriterien ausgewählt, sondern erst mal nach persönlichen Gesichtspunkten. Das sind immer irgendwelche Freunde, die dazukommen. Das beste Beispiel ist der Steve am Baß. Der ist zu uns gekommen, weil wir ihn von der Food Band kannten, da war er vorher am Mixer. Er studierte zu der Zeit Cello, und wir in unserer absoluten Unwissenheit haben gesagt: »Cello kann er prima spielen, ein Cello hat vier Saiten, ein Baß hat vier Saiten – den fragen wir jetzt mal, ob er nicht bei uns Baß spielen will. Der Typ ist wirklich okay.« Er meinte, er würde das schon hinkriegen, er würde das mal probieren. Wir haben erst Monate später rausgekriegt, daß ein Cello ganz andere Saiten und eine ganz andere Stimmung hat als ein Baß.

Wolfgang Niedecken, Musikexpress/Sounds 3/1983

Wir haben damals bewußt den Jürgen, unseren Trommler, den neuen Bassisten aussuchen lassen. Und mittlerweile sind wir alle total überzeugt vom Werner Kopal. Er ist eine absolute Bereicherung. Seit der Werner bei uns spielt, groovt die Band. Wir können uns jetzt auch mal erlauben, einen Reggae zu spielen, ohne daß wir selber das Gefühl haben: Oh Gott, oh Gott, hoffentlich merkt keiner, daß das irgendwie mehr so Dachlatten-Reggae ist.

Wolfgang Niedecken, EMI Presse-CD-ROM zu
»Comics & Pin-Ups«, Januar 1999

Eine Kapelle hat eine eigene Chemie, und wenn BAP live Musik macht, ist die Chemie da. Wer da der bessere Gitarrist oder Bassist ist, das ist völlig uninteressant.

Wolfgang Niedecken, dpa, 30. Oktober 1995

Bei BAP haben nie die musikalischen Weltmeister zusammengespielt. Wir haben das immer wie die Stones gehalten: Wir sind keine perfekten Musiker, aber eine Band. Wir haben immer gewußt, daß Steve nicht der Über-Bassist ist. Aber er gehörte zu BAP. Wenn jetzt sein Platz frei ist, möchte man sich natürlich verbessern.

Klaus »Major« Heuser, Bild am Sonntag, 4. August 1996

Sind die drei neuen Bandmitglieder eigentlich sehr viel jünger?

Mario Argandona, unser neuer Percussion-Mann, ist älter als ich. Jens Streifling, der verschiedene Blasinstrumente spielt, ist viel jünger, und Bassist Werner Kopal ist auch jünger. Aber wir lassen uns bei der Auswahl der Musiker nicht erst das Geburtsdatum vorlegen, sondern gucken, ob die menschlich in die Kapelle passen und ob sie auch eine musikalische Bereicherung darstellen.

Wolfgang Niedecken, Musikwoche, 2. September 1996

Es sind Musiker hinzugekommen, die auf einem höheren Level spielen. Daß wir grundsätzlich unseren Wurzeln – die sind der Rhythm'n'Blues – treu bleiben und nicht kurzfristig auf irgendwelchen Modewellen rumsurfen, ist klar. Im großen und ganzen läuft das bei uns wie bei den Stones: für Einflüsse offen, aber nicht jeder Mode hinterher.

Wolfgang Niedecken, Lausitzer Rundschau, 18. Januar 1997

»Schmal« hat sich als Musiker nicht bemüht. Es ist nicht gut, ein Bandmitglied aus purer Sympathie all die Jahre mitzuschleppen. Aber »Schmal« hat sich in der ganzen Zeit nicht entwickeln wollen. Die Percussions empfanden alle seit Jahren als Schwachpunkt, und seine Kasperrolle hing ihm selbst verständlicherweise längst zum Hals raus. Wenn man sich als Band entwickeln will, dann muß auch der Mut aufgebracht werden, Einschnitte in Kauf zu nehmen.

Wolfgang Niedecken, Musikexpress/Sounds 2/1999

Ihr habt mitten auf der Tour den Schlagzeuger gewechselt. Warum?

Ja, ich bin, oder besser, wir sind stolz darauf, daß wir das in der laufenden Tour geschafft haben. Vor allem, daß wir's gemacht haben, obwohl alles eigentlich dagegen sprach – so was macht man eben nicht. Tja, warum? Ich muß sagen, daß das Sachen sind, die eigentlich außer dem Wolli und uns keinen was angehen. Das waren sehr persönliche Sachen, die sich über einen Zeitraum von drei, vier Jahren hinweg entwickelt haben. Vor dem Schritt standen wir schon vor 'nem Jahr, dat wir auseinander mußten. Man kann auch nicht sagen, der ist geflogen oder gegangen, man findet eigentlich gar keinen passenden Begriff. Da fand ein Communication-Breakdown statt, irgendwie. Wenn du mit 14 Leuten auf Tournee bist und merkst, zehn reden mit einem von denen gar nicht mehr, der Kontakt bricht trotz aller Mühe ab, dann hat's keinen Zweck.

Aber wir haben darüber geredet und 'ne Einigung erzielt, und der Wolli hat das voll eingesehen. Ungeheuer rührende Szenen, alles lag sich in den Armen, so: oh Gott oh Gott, wat is dann jetzt los. Doch die Situation in der Band hat dadurch sehr gewonnen, mit dem Jan Dix, plötzlich war da wieder so'n Kick da. Der Wolli ist auch ein toller Schlagzeuger, wag ich mal zu behaupten. Aber der Jan brachte völlig neue Aspekte in die Gruppe rein – jeder kann irgendwas besser. Er kann auch prügeln, aber seine Stärken liegen im technisch-filigranen Schlagzeugspiel.

Wolfgang Niedecken, Musik Szene 6/1983

Dylan...

Nach meinem Kunststudium bin ich an den Wochenenden mit Mundharmonika und akustischer Gitarre durch die Kölner Szenekneipen gezogen, und so hatte ich schnell das Etikett »Südstadt-Dylan« weg. Das hat mir zunächst geschmeichelt und ist ja besser als »Südstadt-Carpendale« oder so.
Wolfgang Niedecken, taz, 28. Februar 1995

Dylan kann dir in drei Akkorden und mit ganz wenigen Worten die Welt erklären und dich dabei zu Tränen rühren. Das ist seine unnachahmliche Energie, die ihn für mich einzigartig macht.
Wolfgang Niedecken, Stereoplay 5/1995

Durch Dylan habe ich begriffen, daß ich mich nie auf Kompromisse gleich welcher Art einlassen darf. Insofern wird das *Leopardefell*-Projekt auch Konsequenzen für BAP haben. Nie mehr werde ich mich von den Jungs zu etwas breitschlagen lassen, hinter dem ich nicht voll und ganz stehe.
Wolfgang Niedecken, Stereoplay 5/1995

Ich entdeckte Bob Dylan mitten in der Beatles-Ära auf dem Schulhof, als mir der Sänger unserer damaligen Band *Like A Rolling Stone* vorsang. Was war das? Bis dahin hatte ich ja nur irgendwas zwischen *She Loves You* und *I Wanna Hold Your*

4

Hand gehört, und ich wußte, daß sich diese Nummern textlich in der Nähe von Wencke Myhre bewegen. Hier kam etwas anderes angeflogen. Ohne den Text ganz verstanden zu haben, spürte ich die Schärfe in diesem Song, auch den Sarkasmus. Da steckte Gelebtes drin.

Wolfgang Niedecken, Die Woche, 3. März 1995

Mal ehrlich, wer braucht einen Mann wie Bob Dylan heute noch?

Oh, ich glaube, daß ihn viele brauchen. Es gibt da verschiedene Aspekte, warum man ihn brauchen kann. Zunächst mal sollte jeder, der sich mit ihm auseinandersetzt, die Grundlage kennen, woher das überhaupt kommt, daß zur Rockmusik auch Texte geschrieben worden sind. Es gab eine Zeit vor Dylan, wo Leute mehr oder weniger noch nicht mal das Reimlexikon zur Hand nahmen, sondern einfach nur irgendwelche Schüttelverse aufeinandergedrückt haben. Ich denke dabei an die frühen Beatles-Sachen, die frühen Stones, wo die schon nicht mehr gecovert haben, aber auch noch nicht unter dem Einfluß von Bob Dylan Texte geschrieben haben. Ich meine, in dem Moment, wo er in ihr Bewußtsein getreten ist, haben sie auch bessere Texte geschrieben. Dasselbe gilt für die Kinks. Na ja, von daher sollte man schon wissen, was da abgegangen ist.

Dann gibt's eben viele, viele zeitlose Sachen, die der Dylan geschrieben hat. Songs, von denen kaum einer weiß, daß die von ihm sind, weil die Cover-Versionen bekannter sind als das, was er daraus gemacht hat.

Und zum dritten kommen immer noch richtig tolle Sachen von Dylan heraus. Die werden zwar seltener, aber sie kommen. So wie dieses *Oh Mercy*-Album, das ich durchaus unter die zehn großen Bob-Dylan-Alben einordne. Der Mann hat immer noch ungeheure künstlerische Potenz. Das ist schon jemand, den man sich ab und zu zu Gemüte führen sollte. Das gilt besonders für

Leute, die selber texten. Ich habe von Bob Dylan jedenfalls sehr viel gelernt.

Wolfgang Niedecken, Musikexpress/Sounds 3/1995

Ich übersetze seit 15 Jahren Stücke von Dylan. Ein Album damit war schon lange mein Traum.

Wolfgang Niedecken, Gala 9/1995

Vor jedem neuen Dylan-Album bin ich aufgeregt wie ein Fan. Das passiert mir sonst nur noch bei den Stones. Manchmal versuche ich, mir die Platten schönzureden. Auch daran merke ich, daß ich Fan bin.

Wolfgang Niedecken, Kölner Stadt-Anzeiger, 25. Februar 1995

Der rote Faden des Cover-Projekts ist, daß ich meine Wurzeln gesucht habe, auf musikalischem wie auf textlichem Gebiet. Ich hätte wohl nie einen Text wie *Kristallnaach* geschrieben ohne Einflüsse von *A Hard Rain's A-Gonna Fall* oder *Masters Of War*. Ich wäre wohl nie zum Texten gekommen, wenn mir nicht damals mein Schulfreund auf dem Schulhof *Like A Rolling Stone* vorgesungen hätte. Da machte es klick bei mir: Hoppla, da ist ja eine ganz andere Haltung hinter als bei diesem ewigen »Love Me Do«-Theater.

Wolfgang Niedecken, Musikexpress/Sounds 3/1995

Dylan faszinierte mich immer als Gesamtkunstwerk: seine Texte, seine Art zu singen und seine Bühnenpräsenz. Er war (und ist) das, was ich im besten Sinne unter einem authentischen Künstler verstehe. (…)

Dylan hat sich von jeher einen Dreck darum gekümmert, was nun wer von ihm erwartet. Im Gegenteil: Er hat sich oft sogar zu sehr damit beschäftigt, wie er diese Erwartungshaltung unterlaufen kann. Auf vielen Konzerten hat er Refrains manisch zersungen, damit nur ja keiner mitgrölen konnte. Er brachte es sogar fertig, die wunderschöne Melodie von *The Times They Are A-Changin'* in einem Ton durchzusingen. Warum? Weil dieses Stück an tausend Lagerfeuern zu Tode geklampft wurde. (...)

Dylans Fähigkeit als Sänger besteht darin, daß er seine Songs in einer minimalistischen Art und Weise vortragen kann, die nur ihm als Autor vorbehalten bleibt. Wer kennt sich im Silbengewitter besser aus als der, der es geschaffen hat? (...)

Strenggenommen war Dylan nie ein Protestsänger wie Joan Baez oder Pete Seeger. Er hat zwar einige sozialkritische, politische Texte geschrieben, aber im Gesamtwerk machen sie nur ein paar Prozent aus.

Wolfgang Niedecken, Die Woche, 3. März 1995

Ich finde es irgendwie süß, wenn ich auf Platten von gestandenen Musikern immer wieder mal ein Dylan-Cover entdecke. Dylan zu covern ist natürlich eine Art Statement: Man zollt diesem Songwriter-Urgestein dadurch seinen Respekt. Mir geht es aber nicht darum, Dylan zu »danken« oder irgend jemanden auf sein Werk aufmerksam zu machen. Ich übertrage seit fast 20 Jahren Dylan-Songs ins Kölsche – teils als eine Art Fingerübung, teils, weil es eine große Herausforderung für mich ist.

Wolfgang Niedecken, Kölner Illustrierte 3/1995

Dylan verdient Loyalität und Respekt, aber ich gehörte nie zu den Dylan-Ayatollahs, die verbissen jede Textzeile in eine unverrückbare Richtung auslegen. Ich wollte auch kein Album für Dylan-Fachleute machen; eine penible Werktreue hätte nur zur Verkrampfung geführt. Deshalb habe ich manche Texte frei übersetzt, hier und da eine Strophe weggelassen, ohne jedoch den Kern des Ganzen zu spalten. Wichtig war mir, daß die Grundstimmung der Songs erhalten blieb oder verstärkt wurde.

Wolfgang Niedecken, Die Woche, 3. März 1995

Dylan hat seinerzeit in ganz jungen Jahren Dinge formuliert, die man als junger Mensch auch heute noch genauso empfindet.

Wolfgang Niedecken, Kölner Illustrierte 3/1995

Ein Beispiel für den Einfluß Dylans auf junge Musiker? Pearl-Jam-Sänger Eddie Vedder hat beim Dylan-Jubiläumskonzert *Masters Of War* gesungen, ein Stück, das ich für mich schon in den späten Sechzigern für erledigt und geradezu unspielbar hielt. Doch als Vedder das gesungen hat, klang es wieder so frisch und brandaktuell, als sei es gestern erst geschrieben worden. Ich denke, daß viele junge Bands von Dylan beeinflußt sind, manchmal vielleicht, ohne es zu merken. Aber sie berufen sich auf Bands, die wiederum von Dylan geprägt wurden.

Wolfgang Niedecken, Kölner Illustrierte 3/1995

Die Dylan-Ayatollahs und Puristen lagen mir noch nie. Die werden bei meinem Album auch garantiert einen dicken Hals kriegen!

Wolfgang Niedecken, Kölner Illustrierte 3/1995

Es gibt da einen Haufen verbissener Leute, die Dylan nicht verstanden haben. Wen sollte man denn covern, wenn nicht ihn, der nur selten Endfassungen seiner Lieder vorgelegt hat. Er verändert die Stücke derart, daß manchmal sogar seine Band Schwierigkeiten hat mitzukommen. Wenn ich ein Stones-Album gemacht hätte, könnte ich den Protest vielleicht noch verstehen. Aber Rockmusik ist nun mal Volksmusik, und Klassiker werden eben bearbeitet.

Wolfgang Niedecken, Hannoversche
Allgemeine Zeitung, 18. Mai 1995

Ich kann mir nicht vorstellen, daß Dylan auf seinen ersten drei Alben diese überaus heilige Sicht der Dinge hatte, die später hineininterpretiert wurde. Vielleicht hat er Sachen ganz anders gemeint. Vieles habe ich bis heute nicht verstanden. Aber beim Übersetzen ist mir dann doch vieles klar geworden. So kam ich auf eine mögliche Deutung von *Mighty Quinn* – daß es sich hier vielleicht um eine Anspielung auf all diese Maharishis oder Gurus der sechziger Jahre handelt. (…)

Bei Dylan läuft es hauptsächlich über den Text, mehr als bei den Rolling Stones oder Beatles, auch wenn diese drei Namen sicher von diesem Jahrhundert übrigbleiben werden. Mehr ist danach ja kaum gekommen, was historisch auch noch in 200 Jahren gültig sein könnte.

Wolfgang Niedecken, Süddeutsche Zeitung, 30. Mai 1995

Wir haben uns beim Einspielen der *Leopardefell* die Freiheit genommen, mal darüber nachzudenken, was den jeweiligen Titeln aus unserer Sicht am besten bekommen würde. Manchmal denke ich mir jetzt, hoffentlich bekommt Dylan das nie zu hören – der würde mir nämlich die Band klauen! Da sind teils derart gute Versionen dabei, bei denen der Alte garantiert sagen würde: »Das mache ich in Zukunft auch so.« (…)

Wir haben die Dylan-Songs mit BAP auch ausprobiert, aber schnell gemerkt, daß es mit dieser Band keinen Sinn hat. Deshalb habe ich mir überlegt, welche Musiker ich früher immer auf den richtigen Konzerten getroffen habe – und da fielen mir spontan Carl Carlton und Bertram Engel aus Peter Maffays Band ein. Die beiden sind ja keine Maffay-Leibeigenen, sondern gute, gestandene Rocker. Sie haben auch sofort zugesagt, und zum Glück auch noch ihren Kollegen Ken Taylor mit in die Band gebracht, mit der ich übrigens auch zukünftig Dinge machen werde, die mit BAP nicht möglich sind. Alles in allem bin ich froh, daß ich diese Band mal aus dem Kölner Sumpf herausgehalten habe. Es wäre natürlich naheliegend gewesen, nur mit Kölner Kollegen zu spielen, aber ich denke, dabei hätte ich mich ziemlich gelangweilt.

Wolfgang Niedecken, Kölner Illustrierte 3/1995

Allein schon das Dylan-Material mit BAP zu vergleichen – tut mir leid, dagegen stinkt das Material von BAP nun leider ab, weil Dylan nun mal der größte Songwriter aller Zeiten ist. Aus, Punkt.

Wolfgang Niedecken, Musikexpress/Sounds 9/1995

Ich habe noch nie eine Platte mit besseren Musikern gemacht. Das müssen BAP einfach schlucken. Und sie müssen sich bei der nächsten Platte schon den Arsch aufreißen, daß sie da rankommen.

Wolfgang Niedecken, Musikexpress/Sounds 9/1995

Mal angenommen, Dylan würde in Köln leben: Wo würde er verkehren?

Er würde – wie in New York – auch hier nicht aus seiner Bude rauskommen. In keinem Fall würde er in Szene-Kneipen rumhängen, denn das macht man ab einem bestimmten Alter nicht mehr. Ich sehe das ja auch bei mir: Wenn ich heute rausgehe, dann in eine Kneipe, wo ich die ganzen anderen 43jährigen treffe.

Wolfgang Niedecken, Kölner Illustrierte 3/1995

Ohne den Meister wäre ich mit Sicherheit nie auf den Gedanken gekommen, einmal Profimusiker zu werden. (...)
Auf einem Festival in Balingen durfte ich ihm sogar mal die Hand schütteln. Das war es aber auch schon. (...)
Dylan hat unglaublich viele Stücke geschrieben, von denen wir alle dachten, die seien mega-schlau. Oft handeln sie aber einfach vom Verlassenwerden oder davon, daß deine Freundin neuerdings auf Dame macht und mit einem drei Jahre älteren Typen abgehauen ist.

Wolfgang Niedecken, Rolling Stone 3/1995

Wenn ich mir was wünschen könnte, dann hätten Dylan und ich ein Vier-Augen-Gespräch. Er hört die CD mal durch und sagt, was er gut findet und was nicht.

Wolfgang Niedecken, Kölner Stadt-Anzeiger, 25. Februar 1995

Ich hab mittlerweile ein Fax von Dylans direktem Manager Jeff Rosen, der die Chartposition 14 von *Leopardefell* beglückwünscht und gleich zehn Alben geordert hat. Das heißt, das Ding ist jetzt in den ganz inneren Kreis vorgedrungen (lacht). Also, ich würde wirklich gerne wissen, was er nun dazu meint.

Wolfgang Niedecken, Subway 5/1995

Bruce Springsteen, mit dem ich jetzt etwas befreundet bin, hat auch 'ne CD mitgenommen und gesagt: Falls Dylan das Ding doch noch nicht gehört hat, dann bring ich ihn dazu…

Wolfgang Niedecken, Kleine Andere Trierer Zeitung 10/1995

Was wäre, wenn der Meister den Stab über dein Dylan-Album brechen würde?

Dann würde ich sicher auch nicht in Ehrfurcht erstarren, sondern sagen: Gut, da haben wir uns wohl etwas vertan. Deshalb fände ich die Platte dann aber nicht schlecht. Ich habe schließlich einen eigenen Kopf zum Denken. Im übrigen darf der Meister sich ohnehin nicht beschweren, denn von den GEMA-Einnahmen kann er sich doch glatt einen Balkon an sein Haus ranbauen.

Wolfgang Niedecken, Rolling Stone 3/1995

Deine Tochter heißt Isis-Maria – ist das die Isis aus dem gleichnamigen Dylan-Song?

Das glaubt mir natürlich kein Schwein, daß das ein totaler Zufall ist. Mein Favorit war Eva-Maria. Aber da fragte meine Frau Tina:

»Sieht sie denn aus wie eine Eva-Maria?« – »Eher wie eine Ägyp-
terin«, antwortete ich, weil der Kopf von der Geburt so langge-
zogen war. »Kennst du irgendwelche ägyptischen Namen?«,
wollte Tina dann wissen. Außer Kleopatra und Nofretete fiel
mir dann nur Isis vom *Desire*-Album ein. Isis-Maria ist eine
wunderbare Kombination – die Mutterpersonen in ihren jeweiligen Mythologien.

Wolfgang Niedecken, Kölner Stadt-Anzeiger, 25. Februar 1995

Dylan ist kein großartiger Instrumentalist, er ist auch kein großartiger Sänger oder Arrangeur. Da brauchen wir nicht lange drum-
rumzureden. Aber er ist ein großartiger Seismograph, und er hat
immer Rohdiamanten geliefert, die andere geschliffen haben.

Wolfgang Niedecken, Musikexpress/Sounds 3/1995

Ich bewundere bei Dylan vor allem, daß er sich – bei allen Feh-
lern als Gitarrist oder Sänger – immer treu geblieben ist und
immer wieder Türen aufgestoßen hat – zum Beispiel für *Beggars
Banquet* von den Stones oder *Sergeant Pepper's*, was die Texte
betrifft. Er hat sich nie nach irgendwelchen Trends bewegt und
musikalisch immer Kontrapunkte gesetzt. (…)

Dylans Art, Gitarre zu spielen, führt über den Umweg des
Dilettantismus zum Genialen. Aber es kann auch sein, daß er
einfach stinkfaul ist und nichts dazulernt. (…)

Der Gedanke an ein Rolling-Stones-Album liegt jetzt natürlich nahe… oder ein Heinrich-Böll-Album… (lacht sich kaputt)
Nee, nee, das sollte man sich verkneifen.

Wolfgang Niedecken, taz, 28. Februar 1995

Das Christentum hat mich geprägt wie Dylan das Judentum.
Seine Texte sind voller Bibelelemente. Deshalb fasziniert er mich
so. Ich hab viel durch ihn entdeckt. Auch Dichter wie Rimbaud
oder Verlaine.

Wolfgang Niedecken, Gala 9/1995

Es gibt viele Texte von ihm, die ich erst beim Bearbeiten für *Leopardefell* kapiert, oder ansatzweise kapiert und mir meinen eigenen Reim darauf gemacht habe. (…)

Nimm einfach das letzte Stück, das überhaupt von ihm erschienen ist: *Dignity* von *Greatest Hits, Vol. 3*. Der Text handelt von Würde, und wenn du die heutige Medienlandschaft anschaust, wenn du schaust, was weltweit passiert – wie willst du momentan einen besseren Text zur Zeit schreiben als dieses *Dignity*? Das sind genau die Gedanken, mit denen ich herumlaufe und denke: So einen Text wirst du wohl nie schreiben. Das ist wie mit dem BAP-Stück *Widderlich*, den ich auch nicht schreiben wollte, dann aber doch gemacht habe. (…)

Ich bin eigentlich ganz froh, daß ich die Texte bearbeiten konnte und nicht in mir selber rumwühlen mußte. Es ist ja eigentlich kein eigenes Statement auf der Platte. Ich habe mich mit dem Werk dieses Mannes auseinandergesetzt und aus ungefähr 500 Stücken 40 ausgewählt und nachher 20 aufgenommen. (…)

Als Musiker mußt du eigentlich immer den Eindruck erwekken, als ob du im luftleeren Raum schwebst, als ob alles, was draußen passiert, nicht für dich gilt. Auf Dylan übertragen heißt das: Er müßte noch immer so tun, als ob er mit einer rostigen Mundharmonika, einem schlecht eingestellten Mikrofon und verstimmter Gitarre auf der Bühne steht und sich wohlfühlt. Daß er aber auch mal gern mit Chorsängerinnen auftritt oder mit einer amtlichen Band, wird ihm gleich angekreidet. Aber der Musikredakteur, der darüber schreibt, hat draußen drei Sekretärinnen sitzen. Du mußt als Musiker für andere ein Ersatzleben führen. (…)

Das Material meiner ersten Solo-LP waren allesamt Songs, die von der Band abgelehnt wurden. Bei *Leopardefell* war es so: Wir hatten ein klasse Album abgeliefert, eine klasse Tour gespielt und sagten uns: Laß uns gleich weitermachen, der Wolfgang hat doch noch jede Menge von dem Dylan-Zeug rumliegen. Wir fingen an, rumzuspielen, um festzustellen: lieber nicht. Die Jungs von

BAP sind nun mal keine Bob-Dylan-Fans. Nur Keyboarder »Effendi« hat als Produzent meines Albums weitergemacht. Obwohl wir freundschaftlich auseinandergingen, sitzen die anderen jetzt wahrscheinlich leicht beängstigt da und denken: Hoffentlich wird das nicht zu groß! Oder vielleicht denken sie auch: Hoffentlich kommt es gut an. Denn es kann nicht im Sinne von BAP sein, wenn es floppt. Das würde der Band schaden.

Wolfgang Niedecken, Musikexpress/Sounds 3/1995

Dylans *Rolling Thunder*-Tour war *die* Rock-Tour überhaupt. Nachdem seine Ehe in die Hose gegangen war, hatte er sich verkrochen. Alles war kaputt. Dann suchte er wieder in den Kneipen. Hat Musiker getroffen, Leute kennengelernt, von der Oberetage bis zu den Straßenkötern.

Wolfgang Niedecken, FAZ-Magazin, 28. August 1987

Als Performer finde ich Dylan wunderbar, weil ich dem alles abnehmen kann, was er tut. Der ist immer 1:1. Da tritt einer auf, der sich nicht vorher wochenlang vor dem Spiegel ausgetüftelt hat, wie er denn bei welchem Stück mit dem Ohr wackelt. Wenn er auf die Bühne kommt und es nicht abkann, wird er es uns spüren lassen; wenn er super drauf ist, wird er womöglich einmal lachen. Ich habe dieses Bühnenverhalten immer ironisch-loyal betrachtet. Wenn ich zu einem Dylan-Konzert gehe, bin ich immer noch mindestens so nervös wie vor einem eigenen Auftritt. Ich hoffe, daß es kein Fiasko mit ihm gibt – und ich habe schon einige Debakel erlebt.

Wolfgang Niedecken, Kölner Stadt-Anzeiger, 25. Februar 1995

Ich glaube, daß Rocktexte die Lyrik unserer Generation sind. Vor Bob Dylan haben wir keine Gedichte gelesen.

Wolfgang Niedecken, Zeit-Magazin, 24.1.1997

Es war Wolfgangs Anliegen, eine Platte mit Dylan-Songs zu machen, weil er ja alle Texte sehr gut übersetzt hatte. Bandbeschluß war es, circa 16 Stücke zu proben und dann zu entscheiden, ob diese Geschichte unter dem Namen BAP laufen sollte oder nicht. Wir hatten dann nach den Proben vier Songs ganz gut beieinander, aber der Rest war so nicht machbar. Wolfgangs Entscheidung war dann, diese vier Songs mit BAP zu machen, den Rest mit anderen Musikern aufzunehmen. Die Maffay-Band hatte zu diesem Zeitpunkt zufällig frei, und die standen total auf die Songs. Die haben dann natürlich souverän und mit viel Spaß die Platte und auch die Tour gemacht. Bei uns dagegen war die Stimmung allein schon richtig Scheiße – die Band BAP war quasi kurz vor dem Endpunkt. Der Wolfgang hat dann durch die *Leopardefell*-Sache gemerkt, wieviel Spaß man an der Musik haben kann, und deshalb wollte er mit BAP so wie bisher nicht weitermachen. Die Konsequenzen dieser Geschichte hörst du auf der *Amerika*-CD und auch auf der Bühne. Daß drei neue Leute dazugekommen sind, ist wie eine Frischzellenkur gewesen.

Jürgen Zöller, Sticks 3/1997

Ich habe für Bob Dylan aber auch wirklich gar nichts übrig, und Wolfgang vergöttert ihn geradezu.

Klaus »Major« Heuser, Schwäbische
Zeitung, 3. September 1996

Und wann wird Dylan erstmals einen Niedecken-Song vortragen?

Ein guter Gedanke! Aber ich nehme an, das bleibt uns erspart.
Wolfgang Niedecken, Kölner Stadt-Anzeiger, 25. Februar 1995

... und andere angenehme Kollegen

Das Klischee »Rockmusik ist die Musik der Jugendlichen« ist zu einer Zeit entstanden, als das womöglich so war. Aber was habe ich mich gefreut, als ich B. B. King bei U2 auf der Bühne sah, das war der Knaller. Spätestens das war ja der Beweis, daß Rock eine Musik ist, mit der man älter werden kann. Das ist die Volksmusik des 20. Jahrhunderts, und bis auf lange Sicht wird das auch so bleiben.

Wolfgang Niedecken, Mannheimer Morgen, 3. Mai 1991

Sting macht mich so wenig an, daß ich mir die noch nicht mal kaufe. Haste eine, kennste alle, sag ich bei Sting. Das sagt »Major« von irgendwelchen Lou-Reed- oder Dylan-Platten. So läuft das. Ich würde ihm nie sagen, er solle sich die neue Patti Smith kaufen.

Wolfgang Niedecken, Aachener Zeitung, 17. August 1996

Patti Smith finde ich aber super! Aber wo er das gerade sagte: Die beste Platte der letzten Jahre ist für mich die neue von Sting, *Mercury Falling*. Musikalisch und kompositorisch das Allergrößte, was ich je gehört habe. Die Platte hat mich komplett umgehauen.

Klaus »Major« Heuser, Aachener Zeitung, 17. August 1996

Wenn ich aus dem Kindergarten nach Hause kam, bin ich immer in das Zimmer von meinem sieben Jahre älteren Bruder gegangen und habe mir seine Beatles-Platten angehört. Ich wollte im Kindergarten schon Musiker werden und Gitarre spielen. Mich fasziniert alles, was damit zu tun hat. Irgendwann habe ich mal im Fernsehen einen Auftritt vom Zirkus Krone gesehen. Da haben sie eine Scherznummer mit Elefanten gemacht. Denen hatten sie Perücken aufgesetzt, Gitarren umgehängt und haben *She Loves You* laufen lassen. Und das fand ich einfach klasse. Hauptsache Beatles.

Klaus »Major« Heuser, Aachener Zeitung, 17. August 1996

Wer hat die Nation mehr beeinflußt - BAP oder Roy Black?

Eindeutig Roy Black. Für den standen die Türen im deutschen Gemüt weit offen. Der wollte ja nie was verändern.

Wolfgang Niedecken, Bunte 48/1996

Daß Pur mehr Platten verkaufen als wir, interessiert mich nicht. Ich bin weiß Gott kein Pur-Fan, aber deren Erfolg tut uns doch nicht weh. Die machen eine ganz andere Musik und sind im übrigen ganz angenehme Kollegen.

Wolfgang Niedecken, Rolling Stone 12/1996

Wer schreibt in deinen Augen die originellsten deutschen Texte?

Also, da stehen einige Kollegen auf dem Zettel, von denen ich erwartet hätte, die würden nur noch »außer Konkurrenz« aufgeführt. Angefangen bei Biermann, dessen Texte mich schon auf dem Gymnasium auf die Idee brachten, »so was mal mit Rock-

133

musik in Verbindung zu bringen«, bis hin zu Lindenberg, dessen Verdienste um die Verbindung deutsche Sprache/Rockmusik unbestritten sein dürften. Rio Reisers Texte haben mir (fast) immer etwas gesagt... aber richtig abgefahren bin ich nur auf die Sachen des leider viel zu unbekannten Herrn Maurenbrecher.

Wolfgang Niedecken, Musikexpress/Sounds 10/1988

Den Bots nehme ich eigentlich nichts ab. Die treiben Schindluder mit meiner Lieblingsmusik, der Rockmusik. Man kann nicht einfach hingehen und sich denken: »Wie komme ich an die Kids ran? – Ich bin jetzt ganz clever und nehm mir Rockmusik und tu da die Texte drauf, die Kids mitkriegen sollen, und dann ist alles easy.« So was kann ich nicht entschuldigen.

Wolfgang Niedecken, Musikexpress/Sounds 3/1983

Auf die Biermann-Musik stand ich nie. Aber ich dachte: Du müßtest irgendwelche Texte machen wie der, bloß mit anderer Musik. Und 'n paar Degenhardt-Sachen fand ich auch klasse, *Spiel nicht mit den Schmuddelkindern, Wenn der Senator erzählt,* diese Dinge. Ich hab mich eigentlich nur darüber geärgert, daß die Musik so unheimlich langweilig war. Die Musik konnte ich nicht ab, sowohl bei Degenhardt wie auch bei Biermann und bei Süverkrüp. Ich weiß gar nicht, was das für Musik ist, woher sich die definiert.

Wolfgang Niedecken, »Alles im Eimer, alles im Lot«, 1994

Es gibt tausend gute Gründe, auf Düsseldorf stolz zu sein, warum fällt uns jetzt auf einmal kein einziger mehr ein.

BAP-Version des Tote-Hosen-Hits »1000 gute Gründe« vor dem Gastauftritt von Campino und Co. beim Heimspiel der Kölschrocker in der Kölner Sporthalle im März 1994

Obwohl die Hosen zu Deutschlands erfolgreichster Band auf-
gestiegen sind, können wir trotzdem nebeneinander bestehen.
Nur sind die noch in der Teenie-Presse präsent, und wir nicht
mehr. Es gibt Kids, die BAP für 'ne Versicherung halten.
Wolfgang Niedecken, Frankfurter Rundschau, 19. März 1994

Viele Bands sind einfach besser als ihr Ruf. Wir selbst haben das
Glück gehabt, daß wir nie so eine Teenie-Band waren. So etwas
sind halt immer kurzlebige Sachen. Wofür die Gruppen oft gar
nichts können. Nimm zum Beispiel Take That: Ich finde, daß sie
nicht nur 'ne doofe Teenie-Band waren, sondern beachtliches
Potential hatten. Bevor da einer sagt, das sei alles nur Mist, soll
er sich selber hinsetzen und ein Stück wie *Back For Good* schreiben. Ich weiß, wovon ich rede.
Klaus »Major« Heuser, Blitz 10/1996

Es fällt mir verdammt schwer, mich bei den Stones für eine
Lieblingsplatte zu entscheiden. Aber *Beggars Banquet* ist es.
Dazu fällt mir ein, daß ich zu dieser Zeit in der Schule einen
Aufsatz schreiben mußte, Thema: Welches Gedicht hat Sie in
Ihrem bisherigen Leben am meisten beeinflußt?« Daraufhin habe
ich *Sympathy For The Devil* interpretiert. Unter der Arbeit stand
dann, daß sie mir das nicht benoten können, es mir im Zweifels-
falle aber positiv anrechnen. In diesem Jahr bin ich übrigens sit-
zengeblieben und dann sogar von der Schule geflogen.
Wolfgang Niedecken, Musikexpress/Sounds 1/1997

Wir haben schon ein komisches Gefühl beim Gedanken an den
Auftritt im Vorprogramm des Stones-Konzerts. Wäre nicht die
Gewißheit, im Müngersdorfer Stadion viele Bekannte zu treffen
– ich weiß nicht, ob wir es gemacht hätten. Schließlich halten
wir die Leute mit unserem Auftritt davon ab, jetzt endlich die
Stones zu hören.
Wolfgang Niedecken, Kölner Stadt-Anzeiger, 3. Juli 1982

Wir hatten gehört, daß der Maffay in München das Vorprogramm der Stones macht und haben uns daraufhin im besoffenen Kopp gesagt: Wir sind der Kölner Stones-Fanclub – und wenn hier einer in Köln das Vorprogramm macht, dann sind wir das. Am nächsten Tag waren wir uns der Sache längst nicht mehr so sicher, haben aber doch angefangen zu telefonieren. Bei der EMI haben sie uns dann gesagt, daß wir jetzt wohl doch ganz verrückt geworden wären. Fritz Rau fand die Idee ganz lustig, sagte uns aber, da wär mit Sicherheit nichts zu machen. Als sich dann der zweite Konzerttag in Köln doch nicht so gut verkaufte wie vorgesehen, haben sie sich wohl gedacht, daß so ein lokaler Act vornweg gar nicht schlecht wär. Da standen wir dann da, kein Soundcheck, gar nix, rauf auf die Bühne, jetzt macht mal.

Klaus »Major« Heuser, Musikexpress/Sounds 10/1982

Nie zuvor und nie mehr danach hatte ich so ein Lampenfieber wie an den beiden Tagen, als wir vor den Stones auftraten. Zähneklappern, Schweißausbrüche, Durchfall – es war furchtbar. Daß der andere deutsche »Anheizer«, Peter Maffay, bei den Konzerten in Hannover und München mit Eiern und Gemüse beworfen worden war, hatte mich auch nicht gerade beruhigt. Aber der Empfang vom Kölner Publikum war überwältigend. Wir hätten auch *Hänschen klein* singen können, und sie hätten uns trotzdem gefeiert. Jagger war während des zweiten Konzerts offenbar schon nachmittags im Stadion. Als 70 000 Zuschauer *Verdamp lang her* grölten, soll er den Veranstalter Rau gefragt haben: »Tell me, Fritz, what the hell is this?«

Wolfgang Niedecken, Frankfurter Rundschau, 12. Juni 1998

Ich habe den Stones-Auftritt [bei dem BAP 1982 im Vorprogramm gespielt haben] am zweiten Tag von der Bühne aus gesehen, und ich war total begeistert. Vor allem von ihrer Spielfreude – und von ihrem Unprofessionell-Sein, musikalisch sind das alles keine ungeheuren Koryphäen. Keith Richards hat einen

Haufen geniale Riffs in die Rockgeschichte eingeführt, zum Beispiel *Honky Tonk Women*. Spiel man so'n Anfang, das ist absolut reduziert. Dafür mag ich die; dafür, daß sie absolut einfach geblieben sind und nie angefangen haben, rumzuschwülsten und irgendwelche Bombast-Scheiße abzuziehen.

Wolfgang Niedecken, Musikexpress/Sounds 3/1983

Time Waits For No One hat Jagger mal gesungen. Ist es deshalb lächerlich, wenn eine Gruppe Mitfuffziger jetzt wieder auf die Bühne klettert, um der Welt einmal mehr zu zeigen, daß Vorruhestand und ihr Rock-Lifestyle nicht zusammenpassen? Ich glaube nicht. (…)

Die Rolling Stones bedeuten mir noch immer ungeheuer viel, auch wenn heute keine musikalischen Einflüsse mehr von ihnen ausgehen. Das ist ihnen dafür früher um so eindrucksvoller gelungen. Die Stones haben Geschichte geschrieben – und wenn sie die auf die Bühne bringen, geht mir immer wieder das Herz auf. (…)

Auf der Bühne sind die Stones heute musikalisch um Klassen besser als 1967, als ich sie das erste Mal sah. Damals war es vor allem ihre »Leckt uns alle mal am Arsch«-Attitüde, diese Übereinstimmung von Leben und Kunst, die mich faszinierte. (…)

Mick Jagger war für mich immer prätentiös. Ich habe ihn nur einmal persönlich getroffen – 1982 in der Frankfurter Festhalle. Ich sollte dort mit ihm ein bißchen für die Kölner Open-Airs werben. Da stand ich dann mit meinem Hut und durfte mich mit einem Jagger im Bademantel unterhalten. Immerhin hat er die Zeit, in der der Fotoapparat klickte, nett überbrückt. Jedenfalls hat er mich nicht mit der »Was willst du Würstchen denn hier?«-Attitüde empfangen. Aber ein Jagger-Fan bin ich auch nach dieser Begegnung nicht geworden. (…)

Keith Richards habe ich erst 1992 nach seinem Solo-Konzert mit den X-pensive Winos in Köln getroffen. Einem wie ihm nehme ich es noch immer ab, daß er das lebt, was er da macht. Bei einem Stones-Konzert schaue ich mir deshalb in erster Linie an, was der Häuptling macht – und das ist Keith Richards. Er ist ein liebenswerter Rock'n'Roll-Zombie, der heute immer noch so leidenschaftlich auf seine Gitarre drischt wie damals, als ich ihn das erste Mal sah.

Wolfgang Niedecken, Frankfurter Rundschau, 12. Juni 1998

Ich halte Keith Richards technisch für eine ziemlich große Niete, und auch emotional ist er nicht immer eine Granate. Ein Vorbild war er noch nie.

Klaus »Major« Heuser, Kölner Stadt-Anzeiger, 1. März 1994

Als ich 1993 Eric Clapton live erlebte, hatte ich Tränen in den Augen. Der spielt drei Töne, die kann ich auch spielen; aber wie er die spielt, das ist der absolute Hammer.

Klaus »Major« Heuser, Kölner Stadt-Anzeiger, 1. März 1994

Es ist wichtig, daß die junge Generation etwas hat, was wir nicht kopieren können. Ich weiß noch gut, wie das bei mir war. Die Beatles fanden meine Eltern noch okay, die Stones dann nicht mehr. Von da an war ich offizieller Stones-Fan – und bin natürlich damals voll auf die tolle Marketing-Strategie von den bösen Buben reingefallen. Die Masche läßt sich beliebig wiederholen, siehe »Blur gegen Oasis«. Und Techno wird ja auch als das Böse, Seelenlose verteufelt.

Wolfgang Niedecken, Rolling Stone 2/1996

Ich komme nicht mal dazu, die CDs zu hören, die mich wirklich interessieren. Da habe ich einfach keine Lust, mir noch eine Tonne Techno-Platten anzutun.

Wolfgang Niedecken, Rolling Stone 2/1996

Born To Run war meine Springsteen-Einstiegsdroge. Erst der »Major« hat mich da draufgebracht. Eines Tages stand er bei mir auf der Matte und sagte: »Hier, hör dir den mal an. Der macht so ähnliches Zeug wie dein Dylan – nur besser.« So richtig wollte ich ihm das ja nicht glauben, aber irgendwie hatte er schon recht. Der Springsteen singt und spielt hier, als ginge es um sein Leben. Ich habe selten eine so druckvolle Rock'n'Roll-Band und einen so emotionalen Gesang gehört. Und die Texte haben für mich heute noch Vorbildfunktion.

Wolfgang Niedecken, Musikexpress/Sounds 1/1997

Obwohl ich auf ihn stehe, aber ich nehm dem Bruce Springsteen seine Malocher-Optik einfach nicht ab, sein Arbeiterhemd und die Arbeiterstiefel. Er empfindet vielleicht tief im Herzen so, aber das ganze Styling ist doch längst ein Trend. Oder John Cougar Mellencamp, der die Kleinstadt und ihre Toleranz verherrlicht. Ausgerechnet Toleranz, da werden doch nur Bedürfnisse nach heiler Welt befriedigt.

Wolfgang Niedecken, Fachblatt Musikmagazin 3/1986

Zu meiner Blamage muß ich gestehen, daß Patti Smith die einzige Rock-Lady ist, die mir jemals so richtig imponiert hat. Bei ihren Konzerten stand ich fassungslos vor der Bühne und dachte: Was geht hier ab? Was ist das für eine Power?

Wolfgang Niedecken, Musikexpress/Sounds 1/1997

Musik höre ich vor allem im Auto. In letzter Zeit laufen bei mir sehr oft Sheryl Crow, Alanis Morissette und Garbage. Frauen machen wieder Rock, die lange Durststrecke nach Patti Smith hat ein Ende.

Garbage?

Ja, ohne Garbage wäre ein Song wie *Wat jeht uns die Sintflut ahn* gar nicht möglich gewesen. Garbage haben uns sozusagen ermutigt, elektronische Klänge und Dance-Elemente in unseren traditionellen Rock-Kontext zu stellen. Ich stehe aber auch auf Crossover. Deshalb bin ich froh, daß wir die H-BlockX noch einmal für eine Kooperation gewinnen konnten. Dem Stück *Du kapiers et nit* fehlte einfach der nötige Drive – die H-BlockX haben ihn geliefert.

Wolfgang Niedecken, Musikexpress/Sounds 2/1999

Was macht mehr Spaß – für Springsteen die zweite Gitarre zu spielen oder bei BAP den Ton anzugeben?

Ich habe geschwitzt. Zum Glück hat Bruce die Soli gespielt. Ich habe wie ein Besengter Akkorde gedroschen. Ein spontaner Gig wie dieser ist nicht wiederholbar. Du erlebst auch nur einmal den ersten Kuß.

Wolfgang Niedecken, Rolling Stone 9/1996

Was war dein schönstes Erlebnis?

Gott sei Dank gibt es da so viele, da könnte man glatt ein Sonderheft rausbringen. Als Musiker sicher mein Auftritt mit Springsteen – 1995 in Berlin –, der sich total aus dem Nichts entwickelt hat. Wir waren gerade mit den Leoparden unterwegs, da kam ein Anruf, ob wir Lust hätten, die Band in dem *Hungry Heart*-Video zu spielen. Ich kannte Springsteen – als ich ihn in New York interviewte, hatten wir uns angefreundet. Klar, wir dachten, schieben wir mal ein Playback für das Video. Am Abend vorher ruft Springsteen an und fragte, ob wir nicht so ein kleines Konzert spielen sollten, ohne Proben. Und ich sagte, logisch, können wir machen, wir müssen nur gucken, was wir aus der Hüfte spielen können. Dann holte ich meine Stones-Bibel raus – meine Dylan-Bibel natürlich auch –, mal geguckt, was man von Springsteen so drauf hat, bißchen Chuck Berry, schon hatten wir 'ne Setliste. Ich hab noch gefragt, kann das jeder, und dann wurde eine Tonart angegeben. Jeweils nach drei Nummern spielten wir *Hungry Heart*, das Playback dazu brauchten wir auch nicht mehr, das lief irgendwo im Hintergrund. Wir prügelten die Nummer so laut, daß es keine Chance mehr hatte. Und die Leute haben einen Mordsspaß gehabt. Die Veranstaltung war ja nicht angekündigt, wir haben das am Prenzlauer Berg in einer normalen Kneipe mit Bühne gemacht. Die Leute guckten herein, was denn da los ist, und durch Mundpropaganda kamen immer mehr und mehr Menschen. Als das Ding vorbei war, lag ich im Bett und dachte, jeden Moment klingelt der Wecker und alles war nur ein Traum.

Wolfgang Niedecken, Das neue Fachblatt
Musiker Szene 2/1999

Mein Interview mit Bruce Springsteen für die ARD war völlig kollegial. Nix von Weltstar und regional begrenzter Kollege. Der wußte ganz genau, was ich so mache.

Wolfgang Niedecken, Gong 25/1995

Als BAP zusammen mit Ray Davies und seinen Kinks in der Frankfurter Festhalle spielen durften, bin ich tatsächlich zur Salzsäule erstarrt, als ich dem Meister zum ersten Mal leibhaftig gegenüberstand. So richtig mit roten Backen.

Wolfgang Niedecken, Musikexpress/Sounds 1/1997

Die englische Musik ist in eine ganz seltsame Schnösel-Richtung abgedriftet, mit der ich nicht mehr viel anfangen kann. Aus den USA kommt andererseits eine elektrisierende neue Band nach der anderen.

Wolfgang Niedecken, Kölner Illustrierte 9/1996

Ton Steine Scherben waren sehr wichtig für mich. Ich kann mich noch an einen Auftritt in der Kölner Uni-Mensa erinnern. Da stand Rio Reiser mit langer Matte und röhrte in ein schlecht ausgesteuertes Mikro. Ich war begeistert, es klappte also doch auf deutsch.

Wolfgang Niedecken, Rolling Stone 2/1996

Ich erinnere mich noch, wie ich am Karnevalssonntag 1964 in einem Musketierskostüm, das meine Mutter mir geschneidert hatte, ins Rhenania-Kino auf der Severinstraße ging, um den Beatles-Film *A Hard Day's Night* [Deutscher Titel: *Yeah, Yeah, Yeah*] zu sehen. Ich war mächtig stolz auf mein Kostüm. Aber als der Film dann vorbei war, bin ich, so schnell wie ich nur konnte, nach Hause gelaufen: raus aus dem Kostüm, ganz schnell meinen Kommunionsanzug angezogen, einen Schlips, weißes Hemd, die Haare in die Stirn gekämmt. Ich ging quasi als Musketier ins Kino rein und kam als Beatle wieder raus.

Wolfgang Niedecken, Musikexpress/Sounds 1/1997

Als wir mit H-BlockX im Studio waren, habe ich für einen Moment gedacht: »Mensch, die Jungs sind 22, halb so alt wie du.« Aber dann sagte ich mir: »Was soll's, wo ist das Problem.«

Wolfgang Niedecken, Rolling Stone 2/1996

H-BlockX machen die Musik, die ich wohl auch spielen würde, wenn ich heute 20 wäre.

Wolfgang Niedecken, Rolling Stone 12/1996

Ich finde es überhaupt nicht okay, wenn man die Böhsen Onkelz mit den tatsächlichen Fascho-Bands in einen Topf wirft. Irgendwann haben mir die Onkelz einen Brief geschrieben, und daraufhin habe ich mich mit dem ganzen Material auseinandergesetzt. Weil ich weder rechte noch linke Stammtischsprüche mag, sondern mir mein Urteil selber bilde. Wenn ich merke, daß irgendwas verknöchert, geht's mir auf den Sack. Daß die Onkelz in Frankfurt [beim *Heute Die! Morgen Du!*-Festival gegen Ausländerfeindlichkeit am 13. Dezember 1992] nicht aufgetreten sind, war aber gut so. So etwas muß man länger einfädeln. Deshalb nehme ich jetzt die Chance wahr, dazu etwas zu sagen, mich also meinen Kollegen gegenüber fair zu verhalten. Obwohl ich nicht der Pressesprecher der Böhsen Onkelz bin, das würde mir noch fehlen. Das ist nicht meine Lieblingsband, und die Form von Gewalt, die die noch okay finden, find ich auch nicht okay. Aber es ist keine Fascho-Band. Und darum geht's.

Wolfgang Niedecken, »Nicht nach Schema F«,
In: »Küssen verboten«, 1994

Nachdem ich die Böhsen Onkelz in einer Diskussionsrunde erlebt hatte, habe ich mich mit ihnen beschäftigt und bin jetzt der Überzeugung, daß sie auf keinen Fall die üblen Nazis sind, als die sie immer dargestellt werden. Ich finde, man darf sie nicht ausgrenzen und zum Feindbild machen. Statt dessen sollte man ihre Gesprächsangebote ernstnehmen und ihnen zugestehen, daß sie eine Entwicklung vollzogen haben, die sie weit außerhalb des Nazi-Dunstkreises ansiedelt.

Wolfgang Niedecken, WOM-Journal 10/1993

Bei Rammstein finde ich es gefährlich, mit dieser Fascho-Ästhetik herumzuspielen. Das finde ich aber nicht nur bei Rammstein gefährlich, sondern auch bei Queen. Die haben damit ja schon viel früher angefangen. Das eigentliche Problem ist aber, daß Rechtssein mittlerweile modern geworden ist.

Wolfgang Niedecken, Das neue Fachblatt
Musiker Szene 2/1999

Wer soll Ihre Grabrede halten?

Jürgen Zeltinger.
Wolfgang Niedecken, Die Woche, 2. September 1993

Widderlich –
BAP und die Politik

Bap ist eine politische Band.
Wolfgang Niedecken, Mannheimer Morgen, 3. Mai 1991

Ich suche keinen Gesinnungsapplaus...
Wolfgang Niedecken, EB Musikmagazin Mai/Juni 1995

Woodstock ist vorbei und war wohl auch mehr ein Zufall. Wenn du auf der Bühne stehst und bringst es fertig, die Leute auch ein bißchen zum Nachdenken zu bringen, dann ist viel erreicht. Rockmusik ist auch Unterhaltung. Ich wäre mir aber dafür zu schade, nur Unterhaltung zu machen. Ich will aber auch nicht mit dem erhobenen Zeigefinger vor den Leuten stehen. Agitpropgruppen öden mich an.
Wolfgang Niedecken, »Kölsch Rock. Die erste Dokumentation über die Kölner Szene«, 1981

BAP ist nicht mehr die Band für den Soundtrack zur Anti-AKW-Demo oder für Ostermärsche, wie das zu Beginn der Achtziger noch war. Man sollte sich nicht inflationieren.
Wolfgang Niedecken, Musikexpress/Sounds 2/1999

Ich frage mich schon lange, ob Musiker zu allen politischen Fragen etwas zu antworten haben. Man fühlt sich natürlich geschmeichelt, wenn man gefragt wird, und auch ich bin der eigenen Eitelkeit erlegen. Aber das schlägt schnell um in »der hat zu allem eine Antwort«. Ich will mich nicht raushalten. Aber mit Kindern kümmer ich mich nur noch um Dinge, die aus meiner Verantwortung als Familienvater resultieren. Alles andere wäre aufoktroyiert. Ohne eigenen Antrieb werde ich solche Großaktionen wie Wackersdorf oder die gegen Ausländerfeindlichkeit in Frankfurt nicht mehr machen. Dafür habe ich zuviel Dreck an den Kopf bekommen. Zurückhaltung wäre jetzt vielleicht besser. Aber das glaubt mir doch keiner.
Wolfgang Niedecken, Hannoversche
Allgemeine Zeitung, 18. Mai 1995

Wenn ich zum Beispiel die Auftritte der '83er Tour mit denen dieser Tour vergleiche, fällt auf, daß du wesentlich weniger »predigst« als...

Das ist einfach eine Geschmackswandlung. Dafür gibt es mehrere Gründe: Einmal war ich früher missionarischer drauf. Du konntest mir mit jedem Flugblatt kommen, und ich hab das Ding vorgelesen. Ich war ja happy, jemanden zu treffen, der den Arsch hochkriegt. Aber das kann ein Konzert zu sehr in die falsche Richtung bringen. Das andere ist, daß »politisch« auch ein sehr persönlicher Text sein kann. »Politisch« ist nicht nur das Vordergründige wie *Denn wir sinn widder wer, Zehnter Juni* oder *Kristallnaach*. Politisch ist auch ein Sich-bekennen-zu-seinen-

Gefühlen oder auch das Geschmacksbildende, um es mal ganz hochgestochen auszudrücken. Das Wiegenlied auf *Salzjebäck un Bier* ist ein sehr politisches Lied, weil es sich stark zu Gefühlen bekennt. Und nur mit dieser – Achtung, strapaziertes Wort – ehrlichen Einstellung wirst du die Leute dazu bringen, das zu tun, was sie meinen.

Wolfgang Niedecken, Pack's 10-11/1991

Kotzt euch das an, eine Politrockband zu sein, fühlt ihr euch damit überfordert?

Für uns selber ist das sehr langweilig. Du hängst halt in einer Schublade. Der Herbert [Grönemeyer] hängt da auch drin, so witzig findet der das auch nicht. Man kann auch seine Kraft darauf verschwenden, nicht in dieser Schublade zu hängen, dann wird man gleich in die nächste gesteckt. Nur Marius [Müller-Westernhagen] hat es bislang geschafft, davon einigermaßen verschont zu bleiben.

Stell dir vor, R.E.M. wäre eine deutsche Band, was sie in die alles reinstecken würden. Und R.E.M. hängt in Amerika in keiner Politrockecke, ebensowenig wie Guns'n'Roses. Wenn wir *Civil War* geschrieben hätten, hätte es Proteste gehagelt. Das muß auch an der englischen Sprache liegen.

Wolfgang Niedecken, Access All Areas 6/1994

Von jemandem, der im kulturellen Bereich zugange ist, will man immer Lösungen. Warum überhaupt? Wenn ich jetzt Schuster wäre und ein politisch interessierter Mensch, würde ja auch keiner von mir verlangen, daß ich während des Besohlens der Absätze die Lösung für irgendwas finde.

Wolfgang Niedecken, »Nicht nach Schema F«,
In: »Küssen verboten«, 1994

Und Ihr Verhältnis zu deutschen Politikern?

Die meisten Sympathien habe ich schon für die Realos bei den Grünen. Aber ich finde die Begriffe selbst schon bescheuert. Ein Realo wie der Otto Schily ist fundamentalistisch genug. Leider treffe ich die Politiker nur bei Gelegenheiten wie Fernseh-Talkshows. Ob man einen Menschen dann tatsächlich begreift, wage ich zu bezweifeln. Es könnte zum Beispiel sein, daß mir der Norbert Blüm durchaus nicht unsympathisch ist beim Smalltalk danach. Ich habe letztens bei einer Fernsehshow neben Lothar Späth gesessen. Seine clevere Arroganz hat mich schon sehr genervt. Das, was ich zu sagen hatte, habe ich ihm hingerotzt und keine Verbindung gespürt.

Wie fühlt man sich, wenn Willy Brandt von BAP als »Deutschlands ranghöchster Rockband« spricht?

Ich finde es sehr schön, wenn jemand wie Willy Brandt sich mit etwas auseinandersetzt, das mit mir zu tun hat. Deutschlands hochrangigste… es ist immer blöde, mit solchen Supertiteln anzukommen. Was wir tatsächlich sind: die erfolgreichste deutschsprachige Gruppe, die es bislang gibt. Wenn man Kölsch als Deutsch bezeichnet!

Wolfgang Niedecken, Playboy 10/1988

Du hast einmal betont, stolz darauf zu sein, mit deinen 48 Jahren jener Generation anzugehören, aus der sich heute die rotgrüne Regierung rekrutiert. Klaus Meine von den Scorpions läßt sich gerne mit dem Ehepaar Schröder ablichten – BAP haben sich da angenehm zurückgehalten.

Absichtlich. Es kamen zwar zahlreiche Anfragen, aber die haben wir alle abgelehnt. Da fragen sich die Leute doch nur: »Was macht der Niedecken denn jetzt wieder?« Wir bleiben lieber bei unseren Leisten, anstatt uns vor irgendeinen Karren spannen zu lassen.

Wolfgang Niedecken, Musikexpress/Sounds 2/1999

Hat es Versuche gegeben, den Namen BAP für bestimmte Zwek-ke zu mißbrauchen, ihn vor einen Karren zu spannen, den die Gruppe nicht akzeptieren kann?

Klar, das passiert unheimlich oft, von der kleinsten Teestube bis zur Jungen Union.

Klaus »Major« Heuser, Musikexpress/Sounds 9/1983

Die Junge Union steht beispielsweise in Pforzheim vor der Halle und verteilt Flugblätter, auf denen unter unserem BAP-Signet politische Werbung gemacht wurde. Ich habe dann im Konzert von der Bühne aus gesagt, was wir von diesem Mist halten. Da war die Halle am Toben, und die Typen von der Jungen Union guckten dämlich aus der Wäsche.

Wolfgang Niedecken, Musikexpress/Sounds 9/1983

Ich will den Leuten nicht sagen, was sie zu tun und zu lassen haben. Ich möchte ihnen nur sagen, über bestimmte Themen lohnt es, sich Gedanken zu machen. – Diese »No-Future«-An-gelegenheit ist ja nicht aus dem hohlen Bauch entstanden. Die Leute haben sich gesagt: »Was soll das Ganze? Wen interessiert das eigentlich noch, was ich hier mache?« Die haben ihre Win-zigkeit dermaßen überempfunden, daß sie sich überhaupt nichts mehr getraut haben. Und das, denke ich, ist falsch. Man sollte auch als absoluter Winzling überlegen, was man gut findet, was man nicht will, und sich dann danach verhalten. Man kann sich schon aus dem kleinsten Kreis heraus, in seiner nächsten Umge-bung, sehr politisch verhalten und damit auch viel erreichen.

Wenn zwei Leute zusammen sind, dann entsteht schon irgendwie 'ne Art von Politik. Du kannst einen gut behandeln, du kannst einen schlecht behandeln, das ist auch schon eine Sache von Politik. Deswegen ist für mich ein Liebeslied übrigens auch politisch, nur in einer etwas weiter gesteckten Bedeutung.

Mal abgesehen davon: Vor Lindenberg hat sich keiner getraut, so etwas zu tun; ein Liebeslied auf deutsch war absolut... man hat da einfach Terrain überlassen an die Abteilung Schnulzenheini. Das ist eigentlich ganz blödsinnig, eine gigantische Sache wie die Liebe, die so die Welt bewegt, den Idioten zu überlassen.

Wolfgang Niedecken, Musikexpress/Sounds 3/1983

Mittwoch, 16. Februar 1983, Köln, spielfrei
Ludwig Hirsch ist krank geworden, Fritz Rau fragt telefonisch an, ob ich nicht bei der »Grünen Raupe« für einen Gig einspringen könnte. Bitte um Bedenkzeit.

Donnerstag, 17. Februar 1983, Köln, spielfrei
Sage zu. Meine Bedenken, von wegen grundsätzlich nicht im Wahlkampf zu spielen, kommen mir augenblicklich etwas popelig vor, außerdem stehe ich nicht auf dem Plakat, es wird also keine manipulierende Werbung mit meinem Namen gemacht, und – was auch nicht unwichtig ist – ich hab einfach Lust, mal was anderes als unsere Tour zu erleben. Fliege nach Nürnberg, um abends eine Viertelstunde – keiner spielt länger – in der Fürther Konzerthalle mein Scherflein beizutragen.

Wolfgang Niedecken, »BAP övver BAP«, 1983

Auf der einen Seite rockt BAP fetzig, auf der anderen ist die Band für ihre zum Nachdenken anregenden Nummern wie »Kristallnaach« oder »Verdamp lang her« bekannt.

In Konzerten führt die Mischung gelegentlich zu merkwürdigen Situationen. Da singen alle mit, und keiner denkt darüber nach, wovon eigentlich die Rede ist. Aber ich kann das niemandem verübeln, denn die Leute kommen ja zum Konzert und nicht, um mit mir über die Judenpogrome nachzudenken.

Wolfgang Niedecken, dpa, 1. November 1990

Der Mensch ist schwach und grundsätzlich 'ne faule Sau. Und wenn es keinen Grund gibt, sich anzustrengen, dann tut er es auch nicht. Auch 'ne Begründung, warum der Sozialismus gescheitert ist. Man merkt das ja auch an sich selber, forsch dich doch mal aus, ob du nach 'nem richtig harten Tag abends zu 'nem Buch greifst, das du die ganze Zeit schon lesen willst. Wenn ich auf Tournee bin, bleibe ich meistens am Scheißfernseher hängen. Ich kann auf Tournee kein Buch mehr lesen. Und das ist für mich vergleichbar mit der Situation eines Arbeiters, der abends fix und foxi nach Hause kommt, und dann sagt der schlaue Niedecken: »Wie wär's, wenn du jetzt mal deine drei Tageszeitungen durchackerst und miteinander vergleichst, damit du auf'm laufenden bist und weißt, was los ist!« Dann sagt der Arbeiter zu dir: »Hör mal, hier ist meine Fernbedienung, und da drücke ich jetzt mal rauf und runter, und dann bleibe ich schon irgendwo kleben, und ansonsten leck mich am Arsch, Niedecken«

Wolfgang Niedecken, »Nicht nach Schema F«,
In: »Küssen verboten«, 1994

Kritiker werfen Ihnen vor: links singen, rechts leben.

Soll ich die einzeln zu mir nach Hause einladen? Guckt mal rein, wo und wie ich lebe. Darauf pfeife ich.

Wolfgang Niedecken, Bunte 48/1996

Daß der Anteil an politischen Stücken auf *X für 'e U* geringer war, hängt einfach damit zusammen, daß ich die Texte schreibe, und wenn bei mir soeben eine Ehe in die Hose geht, dann ist mein Kopf mit ein paar anderen Dingen voll. Es wäre dann unehrlich zu sagen: Das geht aber nicht, wo sind die politischen Themen, und ich würg mir die jetzt raus, weil das von uns erwartet wird. Natürlich kann ich mich heute hinsetzen und das rückblickende Stück über die Reaktorkatastrophe von Tschernobyl oder über den Golfkrieg rauslassen. Das kann ich schon in Reime fassen – aber authentisch ist das dann nicht.

Wolfgang Niedecken, Mannheimer Morgen, 3. Mai 1991

Ich bin ja nicht der alternative Bundeskanzler oder so.

Wolfgang Niedecken, Badische Zeitung, 25. September 1993

Man darf einen Auftritt nicht mit einer politischen Veranstaltung verwechseln. Außerdem nehme ich die Zuschauer mittlerweile viel ernster. Die erfahren schon aus den Texten, was wir denken.

Wolfgang Niedecken, Mannheimer Morgen, 20. Februar 1991

Ich will da gar nicht rumkokettieren. Ich sehe mich als jemanden, der durch seinen Beruf an 'n paar Leute mehr rankommt als jemand, der 'nen ganz normalen Broterwerb hat. Und wenn ich als politisch interessierter Mensch über meinen Alltag schreibe und das später singe, kommt da auch Politik vor. Bloß in Deutschland, das ist wieder so 'ne Besonderheit, wird das Ganze unheimlich bedeutend, und sehr schnell kommt das Etikett Politrock angesegelt, sobald 'ne Band mal politisch Stellung bezieht. Das würde einer englischen oder amerikanischen Rockband nicht passieren, wo die Stücke, die eindeutig in die Schublade »politisch« passen, weniger als ein Viertel des Repertoires ausmachen als bei uns. Es liegt wohl daran, daß wir in Deutschland insgesamt, was die Rocklyrik betrifft, höhere Maßstäbe haben. Nimm dir mal 'nen Text eines hochgelobten Kollegen, Randy Newman oder Billy Joel. Bei Randy Newman ist es eigentlich am auffälligsten. Ließe man einen Text von ihm, 1:1 übersetzt, von einer deutschen Rockband singen, würde die in der Luft zerrissen werden, weil die Texte sehr, sehr einfach, um nicht zu sagen sehr schlecht sind. Doch aufgrund der Attitüde eines Randy Newman gehen die durch und fallen unter »Ironie«, »Zynismus« oder was man an entschuldigenden Prädikaten dafür findet. Andersrum: Würde man die Texte von Klaus Lage, der oft angegriffen wird wegen seiner Weltverbesserungsmentalität und der Biederkeit seiner Texte, 1:1 ins Englische übersetzen, das wär die Granate! Und das, hierher re-importiert, würde als Beispiel dafür gelten, wie man gute Texte macht. Die Maßstäbe, die in Deutschland gesetzt worden sind, liegen irgendwo bei unseren alten Dichtern und Denkern.

Wolfgang Niedecken, »Nicht nach Schema F«,
In: »Küssen verboten«, 1994

Ich fühle mich nicht mehr wohl, wenn ich das *Stollwerck-Leed* spiele. Die Hausbesetzungen gehören der Vergangenheit an. Das kann ich nur spielen, wenn ich es auf etwas anderes beziehe.

Wolfgang Niedecken, Publik-Forum
Nummer 18, September 1986

Ich geh nicht hin und sage: Wie können wir jetzt die Welt verändern, und welchen Text muß ich dazu schreiben? Ich mache keine Politrock-Texte. Es gab da mal die Band Floh De Cologne, die haben gesagt: »Wenn wir nach dem Auftritt nicht soundso-viel ausgefüllte Eintrittsformulare für die DKP oder zumindest die Gewerkschaft mit nach Hause nehmen, dann haben wir ein schlechtes Konzert gemacht.« Das ist völliger Humbug.

Wolfgang Niedecken, Mannheimer Morgen, 3. Mai 1991

Wir sind ja keine Diplomaten. Wir sind einfache Mucker.

Hans »Fonz« Wollrath, Süddeutsche Zeitung, 16. Januar 1994

Ich bin jedenfalls kein Politiker. Und ich schreibe meine Texte auch nicht nach der neusten Ausgabe des *Spiegel,* so wie man das Udo Lindenberg nachsagt – nach dem Motto: gestern ein Aids-Lied, heute ein Tschernobyl-Song. Dafür bin ich zu emotional.

Wolfgang Niedecken, Publik-Forum
Nummer 18, September 1986

Da gibt's zum Beispiel den Song *Alamanya*, das ist die thematische Fortsetzung von *Nippes, Ihrefeld un' Kreuzberg* und verknüpft die Situation türkischer Gastarbeiter mit meinen Erfahrungen, die ich in der Türkei machen konnte. Und als ich so gesehen habe, welche Verehrung einem in der Türkei entgegenschlägt, nur weil man Deutscher ist – die sind immer noch total stolz darauf, daß sie im Ersten Weltkrieg an der Seite der Deutschen gekämpft haben –, da kam mir eine Erkenntnis: Das, was die Türken hier von allen anderen, Griechen, Spaniern, Italienern etc. unterscheidet, ist, daß sie sich unwahrscheinlich mehr bieten lassen, ihre Kultur viel stärker verleugnen.

Wolfgang Niedecken, Fachblatt Musikmagazin 3/1986

Die erste Single aus »Pik Sibbe« war »Widderlich« mit einem sehr direkten Text und einem noch direkteren Video. Du sagtest, Toleranz sei dir wichtig. Wie kommt dann ein solcher Text mit Anspielungen auf Solingen, auf den § 218, auf...

Das Stück, das vom »218« handelt oder vom Asylkompromiß, ist entstanden in der Woche, in der der § 218 vom Bundesverfassungsgericht festgeschraubt worden ist, der Asylkompromiß durch den deutschen Bundestag gegangen ist. Zu der Zeit sind auch die Morde von Solingen passiert, hat der Kanzler die Einladung zur Beerdigung der Mordopfer von Solingen in der Türkei nicht angenommen. Warum hat er gekniffen? Weil er weiter diesen Spruch von den verirrten Einzeltätern benutzen will. Weil er nicht zugeben will, daß zu Hause viele, viele deutsche Sesselpuper sitzen, die klammheimlich applaudieren, wenn so etwas wie in Mölln, Lichtenhagen oder Solingen passiert. In einer Woche, in der so viele Sachen passieren, die du für mittelalterlich hältst oder dich darüber aufregst oder vor dem Fernseher sitzt und dich fragst: »Kann das denn überhaupt noch wahr sein?! Wie widerlich sind diese Typen?«

Die ganze Band hatte dieses Gefühl auch, zum ersten Mal in der Bandgeschichte sind die Jungs zu mir gekommen und haben gesagt: »Kannst du nicht mal einen Text über diese widerliche Nummer, die da abläuft, schreiben?« Das war die Wut, die zu diesem Text geführt hat.

Wolfgang Niedecken, Access All Areas 6/1994

Ich habe den Begriff »Würde« nie besser verstanden als 1987, als ich mit den Complizen in Nicaragua war und sah dann ein großes Transparent irgendwo an einer Wegkreuzung stehen, da stand drauf: »Friede mit Würde«. In dem Land, wo das alles gelaufen ist, wo die Leute den Arsch selbst hochgekriegt haben, ein korruptes Regime zu stürzen, und dann mit leeren Regalen dazu gepreßt worden sind, ihre eigene Revolution wieder abzuwählen. Da bedeutet so ein Satz wie »Friede mit Würde« einen ganzen Haufen mehr, als man hier, in einer sloganverseuchten Gesellschaft, überhaupt kapieren kann.

Wolfgang Niedecken, Musikexpress/Sounds 3/1995

Man kennt ja vielleicht unsere friedensdeutsche Haltung, unseren Über-alles-Pazifismus, der von einigen Politikern fortwährend gepredigt wird. Und da macht mich betroffen, wenn ich nach Nicaragua komme, dieses Volk sehe, wie es bewaffnet ist, um sich der Aggression zu erwehren, die von den Contras ausgeht und von den USA unterstützt wird – mit welchem Einsatz und welcher Überzeugung dieses Volk das macht...

Wolfgang Niedecken, Wochenpost 16/1989

Wir machen Musik nicht aus dem Sendungsbewußtsein, die Welt zu verbessern. Die Themen für unsere Songs kommen zunächst einmal aus unserem privaten Leben.

Klaus »Major« Heuser, Mannheimer
Morgen, 4. September 1993

Ich bin durch den Vietnamkrieg politisiert worden. Während dieser Zeit habe ich zum ersten Mal gemerkt, daß was falsch läuft, daß nicht alles stimmt, was mein Vater mir erzählt.

Wolfgang Niedecken, Lüner Anzeiger, 29. Januar 1997

Mir hat die Rocklyrik von Bob Dylan und den Rolling Stones damals ganz neue Horizonte geöffnet... Wenn ich diesen Urknall nicht erlebt hätte, wer weiß, ob ich mich jemals für Musik und Politik interessiert hätte. Aber es ist klar, daß in den Stücken keine Lösungen drin sind, die können nur angetippt werden. Deshalb sehe ich mich eher als Mosaiksteinchen im Meinungs-bildungsprozeß.

Wolfgang Niedecken, Wochenpost 16/1989

Ich bin nicht der kämpferische Typ, der sich ständig sicher ist. Ich hatte die schlimmste Phase, als unser erstes Kind unterwegs war. Ich wußte nicht mehr, wo's langgeht. Unsere verantwortlichen Volksvertreter machen sich ernsthafte Sorgen darüber, ob die Rente noch gesichert ist, wenn das so weitergeht, daß sich die Bundesbürger nicht mehr fortpflanzen wollen. Wie wäre es denn, wenn man sich einmal Sorgen darüber machen würde, eine lebenswerte Umwelt zu schaffen, in der die Leute gerne Kinder in die Welt setzen?

Wolfgang Niedecken, Wochenpost 16/1989

Welcher Politiker hat für dich Vorbildfunktion?

Oh! (Langes Schweigen. – Red.)

Wolfgang Niedecken, Volksblatt, 21. September 1996

An Heinrich Böll hat mir vor allem seine Zivilcourage, sein Nichtresignieren imponiert. Das ist das höchste Ziel unserer Wende-Meister in der Bundesrepublik, wenn sie uns alle da hätten, wo wir sagen: Man kann ja eh nichts ändern; na, dann macht mal schön hin.

Wolfgang Niedecken, Wochenpost 16/1989

Mit Heinrich Bölls Tod habe ich eine Art Wunschvater verloren. Böll hat mich gelehrt, daß Zuhören wichtiger ist, als selbst das große Wort zu führen. Er war sich auch nie zu schade nachzufragen. Vom Rock hatte er keine Ahnung, also wollte er alles wissen.

Wolfgang Niedecken, Bunte 48/1996

Mittlerweile habe ich ein merkwürdiges Gefühl, wenn wir den *10. Juni* spielen. Ich sehe im Konzert die vielen Leute da unten und habe den Eindruck, viele sind eigentlich nur gekommen, um einen netten Abend zu haben. Sie gehen dann wieder nach Hause, setzen sich in den Sessel und sagen: »Toll. BAP hat gesungen ›Wir werden immer mehr.‹« und denken sich, das wird schon stimmen. Aber darüber hinaus bewegt sich nicht viel.

Wolfgang Niedecken, Publik-Forum
Nummer 18, September 1986

Was hat BAP verändert?

Rock auf kölsch galt als chancenlos. Und irgendwann galten wir als politisch, die Band der Friedensbewegung. Mit politischen, sozialkritischen Songs gegen Rüstungswahnsinn, Umweltproblematik, Nationalismus.

Wolfgang Niedecken, Bunte 48/1996

Was meinst du, was ich mich über die ersten »Alternativen« und die »Müslifresser« krankgelacht habe.

Wolfgang Niedecken, Publik-Forum
Nummer 18, September 1986

Ich glaube, daß wir an unserem Image selbst schuld haben, daß wir es, ohne es zu wissen, selbst mitgestaltet haben. Am Anfang gehst du halt unheimlich naiv an solche Sachen ran, denkst dir nichts dabei, wenn du in Interviews erzählst, daß in der Band alles gut läuft und die Roadies gute Freunde sind. Dadurch kam dann die Geschichte mit der Großfamilie auf – und darauf sind die Leute tierisch rumgeritten. Und wir haben zu spät gemerkt, daß wir uns selber in dieses Körnerfresser-Image reingeritten haben. Wir haben uns nie darüber Gedanken gemacht – und auf einmal hatten wir ein Image...

Klaus »Major« Heuser, Musikexpress/Sounds 3/1986

...nämlich das Image, daß wir kein Image haben.

Wolfgang Niedecken, Musikexpress/Sounds 3/1986

Ich hasse Political Correctness. Ich habe etwas Ähnliches erlebt wie Rio Reiser nach seinem PDS-Beitritt. Ich hatte nämlich den Landesverdienstorden von Nordrhein-Westfalen angenommen. Natürlich wußte ich, daß sich das für einen Rock'n'Roller nicht gehört. Aber es war ja nicht irgendein CDU-Hansel, der mich dekorierte, sondern Johannes Rau, den ich sehr schätze. Wie zu erwarten, haben sich danach einige Leute sehr aufgeregt. In der linken Szene gibt es eine PC-Fraktion, die Denkverbote verhängt, ohne sie auszusprechen. Du wirst von bestimmten Leuten geschnitten oder in Abwesenheit verurteilt. Das ist unerträglich.

Wolfgang Niedecken, Rolling Stone 2/1996

Irgendwann hat man sicher die Schnauze voll. Insbesondere das dauernde Angefeindetwerden aus der vermeintlich linken Ecke raubt einem die Power. Die linke Szene haut sich ja dermaßen platt.

Wolfgang Niedecken, Diabolo 5/1995

Ich weiß nicht einmal, welche Partei ich bei der nächsten Wahl überhaupt noch wählen kann.

Wolfgang Niedecken, WOM-Journal 10/1993

Wenn du als engagierter Künstler was machst, hast du dich zu rechtfertigen, warum so und nicht anders, anstatt daß jemand mal sagt: »Gut, daß du das jetzt machst.« Also, ich mache die Sachen nicht, um wieder ins Radio, Fernsehen oder in die Zeitung zu kommen, sondern weil sie mir wichtig sind.

Wolfgang Niedecken, Diabolo 5/1995

Auch bei Aktionen gegen Rechts kommt man komischerweise immer wieder mal an den Punkt, daß man sich zu rechtfertigen hat für das, was man tut. Und die Typen, die die ganze Zeit den Arsch nicht hochkriegen, stehen plötzlich klasse da. Aber man kann sich doch nicht immer nur raushalten, auch wenn es einige unschöne Sachen bei diesen Konzerten gab. Damit meine ich nicht unbedingt das Gerangel hinter den Kulissen, denn das gibt es immer, sobald die großen Bands eines Landes auf einer Bühne stehen. Das ist bei 'nem *Live-Aid-* oder dem Freddie-Mercury-Gedächtniskonzert nicht anders gewesen. Aber ich bin in puncto Frankfurt [dem *Heute Die! Morgen Du!*-Festival gegen Ausländerfeindlichkeit am 13. Dezember 1992] und Kollegenschelte ein gebranntes Kind. Ich persönlich sehe die Veranstaltung eigentlich sehr entspannt an: Wir wollen alle zusammen was für eine bestimmte Sache machen, und die Reihenfolge der Auftritte ergibt sich entweder freiwillig, organisch, oder pragmatisch nach den Verkaufszahlen. Und da sollte man dann, verdammt noch mal, den am Schluß spielen lassen, der am meisten Platten verkloppt hat oder der in dem Moment gerade derjenige ist, der am meisten verkloppt. Ansonsten werden sich da immer Schräglagen entwickeln. Wäre in Frankfurt die Reihenfolge nach den Verkäufen festgelegt worden, hätten die Scorpions am Schluß gespielt. Sie sind aber vorneweg aufgetreten, was nun selbstverständlich auch nicht ganz uneigennützig war. Zu der Zeit war das Medieninteresse riesengroß, und als Auftakt der Veranstaltung war'n sie in jeder Fernsehsendung weltweit zu sehen. Es zeugt schon von ziemlicher Blauäugigkeit, wie das hinterher dargestellt wurde. Egal, welche Überlegungen auch immer wohinter stehen, das muß jeder mit sich selber ausmachen. Ich finde es doof, nachher hinzugehen und vor der Presse Kollegenschelte abzuziehen. Das muß ich der Tamara Danz [Sängerin der ostdeutschen Band Silly] auch sagen: »Du bist leider drauf reingefallen.« Das ist genau das, worauf die Presse wartet, daß wir uns nachher zerfleischen. Das ist nach dem Wackersdorf-Konzert mit Grönemeyer und BAP so gewesen, wo auf einmal Vorwürfe gemacht wurden, die völlig überflüssig waren. Die auch von dem eigentlichen Thema so abgelenkt haben, daß es völlig unsachdienlich war. Ich wäre mit dem, was in Frankfurt an Platzhirschgehabe gelaufen ist, nie nach außen gegangen, obwohl ich mich über einige Sachen auch richtig geärgert habe.

Die erste Großveranstaltung war am 9. November '92 in Köln. Das war 'ne Initiative nur von Kölner Musikern. Wir haben 20 000 Leute erhofft, und dann sind über 100 000 dagewesen. Nach diesem Konzert wurde dann das Frankfurter Konzert angezettelt. Hätte dort anschließend nicht die große Platzhirschdiskussion stattgefunden, wär es besser gewesen, aber so war's auch gut. Für mich war der negative Aspekt bei dem Frankfurter Konzert, und damit würde ich dann auch gerne Kollegenschelte betreiben, daß viele von den Teilnehmern meinten, sich nun mit dem Thema genug auseinandergesetzt zu haben: »Was, ihr wollt jetzt auch noch, daß wir in Leipzig spielen? Wir haben doch schon in Frankfurt gespielt.« Also, ich übertreibe jetzt mal, die haben sich fünf Minuten Zeit genommen, um gegen Rechts vorzugehen. Das ist mir zu arm. So kann man die nicht aufhalten. Da muß man mehr auf die Reihe kriegen. Ich finde es auch sehr unkollegial. Bei dem Auftritt, wo die großen Namen dabei sind: »Ach klasse, wenn wir dabei sind, sind wir auch 'n großer

Name.« Wenn sich aber langsam der Wind in den Medien dreht, schnell die Finger weg von der heißen Kartoffel und nicht mehr dabeigewesen sein wollen. Wir haben uns hart gewundert, wer noch mitmacht und wer nicht.

Wolfgang Niedecken, »Nicht nach Schema F«,
In: »Küssen verboten«, 1994

Es gibt zu viele Moden in der linken Szene. Erst haben die Leute einen AKW-Nein-Danke-Aufkleber am Auto, zwei Jahre später wird er wieder abgeknibbelt und die Friedenstaube wird draufgepappt.

Wolfgang Niedecken, Publik-Forum
Nummer 18, September 1986

Mit Lichterketten habe ich persönlich, vom Geschmacklichen her, meine Probleme. Schon bei München habe ich gedacht: Muß das sein? Aber was soll man von den Menschen verlangen? Laß die mal, hab ich gedacht, die wollen ihre Meinung kundtun, die sind auch gegen die braune Brühe. Schließlich hatte jeder Vorort jeder deutschen Stadt ein Lichterkerzending. Trotzdem: Wie viele sind zum ersten Mal in ihrem Leben auf einer Demonstration gewesen? Sogar meine Mutter und ihre Freundinnen waren da. Einfach toll. Aber es reicht nicht mehr, nur Betroffenheit zu zeigen. Man muß mehr tun, konkreter werden.

Wolfgang Niedecken, Kölner Express, 15. Februar 1993

In den Medien wird nicht mehr allzuviel von Ausländerfeindlichkeit gesprochen. Das ist ein großes Problem, was wir am Hals haben: Daß die Medien zu einer Hure geworden sind. Das, was befriedigt werden muß, das wird auch befriedigt. Damit haben auch viele verantwortungsbewußte Medienleute ein großes Problem.

Wolfgang Niedecken, Rockmusiker 4/1995

Konzerte gegen Rechts sind, wie die Lichterketten, Demonstrationen, und wir sind Demonstrationsteilnehmer. Wir sind nicht die Köder, damit viele Leute kommen, die man belehren kann, wir sind auch nicht die Prediger in der Wüste, zu denen man kommt, und dann wird alles dufte.

Wolfgang Niedecken, »Nicht nach Schema F«,
In: »Küssen verboten«, 1994

Das Schweigen gebrochen zu haben – das ist ja schon mal was. Das war für mich und all die anderen, die da mitgemacht haben, das große Erfolgserlebnis. Das heißt nicht, daß wir damit das Klima im Lande geändert haben, daß wir damit diesen Rechtsruck aufgehalten haben. Wir haben nur das Schweigen gebrochen. Wir sind ja kein Schattenkabinett.

Wolfgang Niedecken, Badische Zeitung, 25. September 1993

Der gemeinsame Nenner, den die Akteure [der *Arsch huh*-Aktion] gefunden hatten, hat sich auch auf die Demonstranten übertragen. Ich erwähne das, weil keiner sich vormachen sollte, gestern abend hätte eine Demo zum Thema »Bleiberecht für alle« stattgefunden, denn es wird unter den Teilnehmern mit Sicherheit konträre Standpunkte zur Lösung der Asylfrage geben. Der gemeinsame Nenner ist das Bewußtsein, daß nur das Grundgesetz die gemeinsame Plattform bildet, auf der man sich über verschiedene Herangehensweisen streiten kann. Und wer daran rumfummelt, legt sich mit uns an, egal ob er irgendwo rechts im Bundestag rumsitzt oder mit glattrasiertem Schädel braune Soße sabbert.

Wolfgang Niedecken, »Hann ich dat alles nur jedrämp?«
In: »Arsch huh, Zäng ussenander! Kölner gegen
Rassismus und Neonazis«, 1992

Wir haben eine Lawine losgetreten. Nehmt den *Arsch huh*-Karneval Ende Januar auf dem Alten Markt. Ich bin nach wie vor

gegen Karneval. Aber als der Prinz in seinem merkwürdigen Outfit eine Rede zum Thema Rassismus hielt, das ist mir schon nahegegangen.
Wolfgang Niedecken, Kölner Express, 15. Februar 1993

Es ist mir schon klar, daß wir 1992 mit dem *Arsch huh*-Konzert keine Skinheads läutern konnten. Aber es war zu der damaligen Zeit einfach notwendig, eine deutliche Front gegen das Anzünden von Asylbewerberheimen zu bilden, zu demonstrieren: Es gibt eine riesige Masse, die den Faschos die Stirn bietet. Diese Signalwirkung war einfach wichtig. Obwohl sich mir natürlich die Zehennägel aufrollen, wenn ich an Aktionen wie die Lichterkette um die Hamburger Außenalster denke. Das war zwar Kitsch, aber es war das richtige Signal zur rechten Zeit.
Wolfgang Niedecken, Musikexpress/Sounds 2/1999

Ich schäme mich für diesen sogenannten Asylkompromiß. Die Neufassung des Artikels 16 bedeutet ja wohl: Nur wer mit dem Fallschirm abspringt, genießt Asylrecht. Alle anderen werden abgeschoben. (...)
Wir fühlen uns schon etwas mißbraucht – als Ablenkungsmanöver oder als jemand, in dessen Windschatten man wunderbar den Asylkompromiß durchziehen kann und steht trotzdem vor der Welt klasse da.
Wolfgang Niedecken, Kölner Express, 15. Februar 1993

Ich habe den Text von *Arsch huh, Zäng ussenander* zu einem Zeitpunkt geschrieben, als ich einfach entsetzt war, wie wenig Reaktionen auf diese rechtsradikalen Anschläge kommen. Das habe ich auch an mir selber festgestellt, als ich in einer Bäckerei neben einem Typ stand, der die letzten Sprüche abläßt, und ich denke, leg dich bloß nicht mit dem Arsch an, geh nach Hause. Ich geh nach Hause und denke: Du bist nicht mal selbst in der Lage, dem Typ zu sagen, daß er Scheiße redet. Wie weit bist du, wie weit sind wir eigentlich gekommen, daß das schon passiert. Und dann habe ich diesen Text geschrieben, das hat ja 'ne richtige Bewegung gebracht.

Wolfgang Niedecken, Rockmusiker 4/1995

Wenn ein Fehler gemacht wurde, dann der, daß nach *Arsch huh* nicht konkret genug Stellung bezogen wurde. Etwa für den Asyl-Artikel 16 im Grundgesetz. Man hätte schon das Frankfurter Konzert auf Artikel 16 drehen müssen. Aber dann hätte das ZDF nie übertragen.

Wolfgang Niedecken, Kölner Express, 15. Februar 1993

Man weiß, daß ich jüdischer Abstammung bin und daß ich mich für diese *Arsch huh*-Geschichte engagiert habe. Ich bin telefonisch belästigt worden, meine Mutter ebenfalls.

Wolfgang Niedecken, Zeitpunkt 6/1995

Ich habe üble Drohbriefe bekommen, meine Tür wurde wochenlang bespuckt.

Wolfgang Niedecken, Frankfurter Rundschau, 28. August 1993

Nach Köln kam dann Frankfurt, das Konzert »Heute die! Morgen Du!« Aber das war dann bereits eine Veranstaltung der Phono-Industrie, außerdem haben die Lufthansa und andere Firmen den Protest für ihre eigene Reklame genutzt. War das auch noch ein Erfolg?

Nein, wir kamen uns relativ blöde vor – vor laufender Fernsehkamera fünf Promominuten lang werbewirksam den wilden Mann gemacht zu haben, den Betroffenheitsheinzel. Das konnte es nicht gewesen sein. Ich habe mir dann gedacht, jetzt muß man sich nach Osten trauen, denn dort ist die Situation die eigentlich beklemmende. Man muß in den Osten, man muß da den Leuten zeigen, daß man kapiert hat, was abgeht. Wir haben in Leipzig gespielt, umsonst im Schnee, und die Leute waren total dankbar. Die Yuppies sitzen dort in den Hotels mit ihren Funktelefonen und plündern, und die Rechtsaußen machen die Ausländer platt, die seit Jahren dort wohnen – da muß man aus dem Westen schon mal dahinkommen und ein bißchen moralische Rückendeckung geben.

Wolfgang Niedecken, Badische Zeitung, 25. September 1993

Herbert Grönemeyer hatte völlig recht, als er sich darüber aufregte, daß die Lufthansa Videocassetten des Frankfurter Anti-Rassismus-Konzerts mit ihrem Logo an die Goethe-Institute schickt, ohne die Künstler zu fragen. Das war keine Lappalie. Wir Musiker wurden im Ausland als gute Deutsche präsentiert, während die Politiker so weitermachten wie bisher.

Wolfgang Niedecken, Frankfurter Rundschau, 28. August 1993

Der Pazifismus unserer Generation war eine Geisteshaltung, die mit dem Ost-West-Konflikt zu erklären ist. Aber seit 1989 ist die Welt komplexer geworden. Ich glaube nicht, daß sich Deutschland auf Dauer seiner, wie das so schön heißt, »friedensstiftenden Verantwortung« entziehen kann.

Wolfgang Niedecken, Rolling Stone 2/1996

Da seh ich doch letztens im *Musikexpress* 'ne Anzeige der Bundeswehr. Da war ich echt baß erschüttert – ich war kurz davor 'nen Leserbrief zu schreiben, aber das wär dann wahrscheinlich überreagiert… Also, ich meine wirklich, wenn man als Zeitung einen gewissen kritischen Anspruch vertritt, sollte man sich doch überlegen, von wem man nun Anzeigen annimmt. Also, 'ne Zeitung, die die Jugendlichen, für die sie schreibt, ja nun doch mit einiger Sicherheit nicht verarschen will, kann diese Jugendlichen doch nicht indirekt dazu aufrufen, zur Bundeswehr zu gehen, wenn man sich in Gesprächen, zum Beispiel mit Lindenberg, recht progressiv gibt. Wir werden ja auch ständig beäugt und kritisiert. Wir sind als 'ne linksintellektuelle Band bekannt oder verschrien, je nachdem, und wir werden doch auch für jeden Furz, den wir lassen, von den Zeitungen streng unter die Lupe genommen, und da nehme ich mir auch das Recht zu sagen, daß ich so was echt total daneben finde.

Wolfgang Niedecken, Musikszene 6/1984

Die Jugendlichen waren vor zehn Jahren anpolitisiert für Themen der Friedensbewegung, heute übernehmen sie die ausländerfeindliche Haltung aus dem Elternhaus. (...)
Was den Image-Verlust bei den Teenies angeht – selbst die Grünen merken, daß sie auch nicht mehr so jung sind, und haben einen Jugendverband gegründet.

Wolfgang Niedecken, Frankfurter Rundschau, 19. März 1994

In Zeiten wie diesen müßte ich mich schon auf eine Alm in den Alpen zurückziehen, um unpolitische Songs schreiben zu können.

Wolfgang Niedecken, Süddeutsche Zeitung, 18. Juni 1994

Wir dürfen jetzt [nach den Morden an fünf türkischen Frauen in Solingen] nicht jammern, daß alle Protestaktionen vergebens waren. Hätten wir im vergangenen November nicht angefangen gegenzusteuern, wären vielleicht noch viel schlimmere Dinge passiert.

Wolfgang Niedecken, Frankfurter Rundschau, 28. August 1993

Ich merke an mir selbst, daß ich mehr zur Gewalt bereit bin, wenn ich so sehe, wie man bei uns heute Menschen behandelt. Ich fühle oft, wie ich die Faust in der Tasche balle, das wäre früher bei mir undenkbar gewesen.

Wolfgang Niedecken, Frankfurter Rundschau, 28. August 1993

Ich war nie ein Fan von Scharping. Seine Sympathie für den Rock'n'Roll hat er genauso hölzern rübergebracht wie alles andere. Aber das Sommertheater war schon deprimierend mitanzusehen. Daß ihn seine Parteigenossen auf dem Mannheimer Parteitag abserviert haben, war okay. In den letzten Wochen vor seinem Sturz habe ich immer mit hochgerollten Fußnägeln vorm Fernseher gesessen, wenn Scharping wieder eine Rede in den Sand setzte. (…)

Der Schröder, der hat CDU-Qualitäten. Für mich ist das der Ehrenvorsitzende der Jungen Union. (…)

Die FDP wird pulverisiert werden. Nach dem Wegfall der Machtblöcke ist sie zwischen die Mahlsteine geraten und wird verschwinden. Mit seiner Zustimmung zum Lauschangriff ist der Freiburger Kreis [der linksliberale Flügel der FDP] zur Randgruppe geworden. Leute von Format wie Baum und Hirsch haben in dieser Partei schon lange nichts mehr zu sagen.

Wolfgang Niedecken, Rolling Stone 2/1996

Lafontaine ist nach der Wiedervereinigung gescheitert, weil er die Wahrheit gesagt hat. Es war wie im Alten Testament: Der Überbringer der schlechten Botschaft wurde bestraft.

Wolfgang Niedecken, Bunte 48/1996

Haben Sie einen Wunschkandidaten?

Joschka Fischer ist seit geraumer Zeit der eigentliche Oppositionsführer. Wieso wird der nicht Kanzlerkandidat der rot-grünen Linken?

Wolfgang Niedecken, Bunte 48/1996

Maffay für Lafontaine, Pur und Konstantin Wecker für Scharping. Werden Sie für Joschka Fischer singen?

Ich singe für keinen Politiker.

Wolfgang Niedecken, Bunte 48/1996

Den Otto Schily [damals noch bei den Grünen] halte ich für sehr integer, eine glaubwürdige Persönlichkeit, die sich mit Schlips und Anzug gegen die Jutetaschen behauptet.
Wolfgang Niedecken, FAZ-Magazin, 28. August 1987

Der Aspekt Amerika ist auf unserem gleichnamigen Album so behandelt, wie ich ihn jetzt behandeln kann. Natürlich kann man auch ständig auf Vietnam zu sprechen kommen, auf die CIA-Machenschaften in Mittel- und Lateinamerika. Das weiß ich aber alles längst. Für mich ist der Aspekt interessanter: Hoppla, den Amis haben wir ja auch ein paar gute Sachen zu verdanken. Wenn sie sich das Eingreifen in den Zweiten Weltkrieg verkniffen und Europa nicht von den Nazis befreit hätten, sähe die Welt heute anders aus.
Wolfgang Niedecken, Lüner Anzeiger, 29. Januar 1997

Ich habe einfach keine Lust mehr, ständig »Handlungsanweisungen« wie bei der *Arsch Huh*-Geschichte zu geben, weil ich im großen ganzen genauso ratlos bin wie die Leute, über die ich singe.
Wolfgang Niedecken, Kölner Illustrierte 9/1996

Ich glaube heute nicht mehr an die Nummer »Wir alle zusammen, und dann klappt das schon«. Ich glaube, daß Kunst – ganz gleich, welche Disziplin – nur eine Funktion haben kann, nämlich die, geschmacksbildend zu sein, Leuten etwas zu vermitteln, was sie ermutigt, ihren eigenen Geschmack zu finden und ihre eigene Meinung zu manifestieren. Das heißt jedoch nicht, daß ich mich nie wieder für irgend etwas einsetzen werde. Aber ich bin sehr viel vorsichtiger geworden.
Wolfgang Niedecken, Kölner Illustrierte 9/1996

Würdest du gern mit Bundeskanzler Helmut Kohl diskutieren?

Nein. Ich und dieser biedere Sonnenkönig – das sind zwei Welten. Da gibt's ein Foto, wo er im Lodenanzug mit Hannelore und einem Sennerhund vor den Alpen sitzt. Das ist einfach too much.

Wolfgang Niedecken, B.Z., 30. August 1996

Was der Papst in puncto Geburtenkontrolle und Aids in der dritten Welt anrichtet, ist doch aberwitzig. Dafür, daß er in diesem gehobenen Posten als Stellvertreter Gottes auf Erden gilt, ist er ganz schön weltfremd.

Wolfgang Niedecken, Audio 9/1993

Der Papst-Besuch in Deutschland hat mir sozusagen den Rest gegeben. Da habe ich mir gesagt: Jetzt ist für mich das Ende der Veranstaltung gekommen, und ich bin aus der Kirche ausgetreten. Allerdings bin ich schon vorher jahrelang nicht mehr in die Kirche gegangen. Aber ich kann trotzdem nicht sagen, daß ich jetzt ungläubig wäre oder Atheist bin. Ich weiß nicht, was ich bin. Ich glaube, wenn man sich christlich und nächstenliebend verhält, braucht man sich nicht an festgelegte Formen zu klammern oder vorgegebene Muster zu erfüllen. Vom Urchristentum zum Kommunismus ist es nicht weit: Hinter beidem steht ein nächstenliebendes Anliegen. Ein solches Verhalten ist eine Frage der Moral überhaupt, weniger eine Frage einer bestimmten Weltanschauung.

Wolfgang Niedecken, Publik-Forum
Nummer 18, September 1986

Wie fühlt ihr euch dem Druck und der Verantwortung gewachsen, die automatisch auf allen Publikumslieblingen lastet? Fühlt man sich nicht überfordert, zu allem und jedem befragt zu werden?

Wir müssen leider zu viel zu wenigen Sachen unser Statement abgeben; wir werden eigentlich immer nur zu Angelegenheiten befragt, die im unmittelbaren Zusammenhang mit BAP stehen. Es hat zum Beispiel noch nie jemand gefragt, was wir denn von den neuen Personalausweisen halten. Wahrscheinlich hat das auch deswegen niemand gefragt, weil eigentlich klar sein dürfte, was wir davon halten.

Wolfgang Niedecken, Musikexpress/Sounds 9/1983

Deutsch-Deutsches

Wenn ihr im Februar wieder auf Tour in den neuen Bundes-
ländern seid, ist es genau zehn Jahre her, daß ihr euer Kon-
zert im Palast der Republik abgesagt habt. Was denkt ihr heute
darüber? (Zur Erklärung: BAP wurden zum Festival »Rock für
den Frieden« eingeladen und machten das Stück »Deshalv spill
mer he« [Darum spielen wir hier]. Das sollten BAP aber auf kei-
nen Fall spielen. Die Reaktion der Band: »Entweder alles oder
gar nichts!«)

Wir denken oft daran, werden auch sehr oft danach gefragt. Es
ergibt sich auch immer wieder die Gelegenheit, daß man daran
erinnert wird. Wir brauchen bloß durch die Gegend zu fahren,
und schon wird das wieder präsent. Die Situation war von uns
selber mit verfahren worden, das kann man ganz klar so sagen.
Wir haben ziemlich blauäugig gedacht, alles richtig zu machen.
Und der größte Fehler, den wir begangen haben, war, daß wir
von vornherein gesagt haben, was wir denn in welchem Fall tun,
wenn das und das passiert, das heißt, wir haben uns selbst unserer absoluten Objektivität beraubt und konnten dann nur noch
sagen, entweder das Stück wird erlaubt, oder wir fahren. Und
dann war das Ding so ineinander verfressen, daß wir gar nicht
anders konnten. Da war nichts mehr zu machen. Man hätte da
sicher eine diplomatische Geschichte draus machen können. Viel-

leicht haben wir ein bißchen dazugelernt. Es war sehr schade, wir hatten uns sehr darauf gefreut. Wir sind danach natürlich auch sehr angefeindet worden, weil viele gesagt haben, das wäre ein ganz geschicktes Promotionding gewesen. Das war's natürlich nicht, wir wußten überhaupt nicht, wo vorn und hinten war. Es hat uns schon sehr stark mitgenommen. Natürlich haben uns auch die Leute leid getan, die nächtelang wegen Karten angestanden und am Ende in die Röhre geguckt haben. Das war schon ein unrühmliches Kapitel, wir bilden uns nichts darauf ein, daß der Heiligenschein im nachhinein immer größer wurde: Ihr habt denen gezeigt, wo der Hammer hängt, endlich mal einer. Das war tröstend, aber wie gesagt, es war nicht so.

Wolfgang Niedecken, Der Monat/Zwickau 2/1994

Magdeburg darf sich mit eurem '84er Auftritt als BAP-Live-Premierenbühne östlich der Elbe bezeichnen. Gibt es bei euch noch Erinnerungen an dieses Konzert-Weekend?

Das war damals kein Konzert, sondern nur Playback. Erinnerungen habe ich schon noch.

Gute?

(Lachen) Man hat uns damals mehr und mehr das Interview gestrichen. Ansonsten war es ganz nett.

Klaus »Major« Heuser, Inside/Stadtmagazin
Magdeburg 1/1991

Man muß die Story genauer erzählen: Es waren für die Sendung »rund« drei Titel playback vereinbart worden, und zwischen den Nummern sollte jeweils ein Interview stattfinden. Wir waren drei Tage vorher angereist. Das Ganze wurde geprobt bis zum Erbrechen. Ich bemühte mich, immer schön Antwort zu geben, aber die Interviewzeiten wurden von Probe zu Probe kürzer. Bei der Sendung selber liefen dann nur noch die Titel, und der Interviewpartner kreuzte überhaupt nicht auf. Es lief nur das Playbackband, und ich dachte bei mir: So geht das nun nicht. Es entstand das Stück *Deshalb spielen wir hier*, um wenigstens während der anstehenden Tour nicht noch mal ausgetrickst zu werden.

Wolfgang Niedecken, Inside/Stadtmagazin Magdeburg 1/1991

Soll ein westdeutscher Musiker einen Vertrag unterschreiben, in dem sich die DDR Änderungen am Programm vorbehält?

In dem Kleingedruckten heißt es da, daß sich die Künstleragentur und der örtliche Veranstalter Programmänderungen vorbehalten. Das kann natürlich im weitesten Sinne ausgelegt werden, bis hin zu den Ansagen. Und nach den Erfahrungen bei der Fernsehsendung in Magdeburg und der (nicht stattgefundenen) Pressekonferenz in Ost-Berlin kamen wir zu dem Schluß, daß die DDR-Funktionäre sich gesagt haben: »Denen dürfen wir keine Äußerung gestatten; wir müssen aufpassen, daß die möglichst pur mit ihren Liedern ankommen. Und die Lieder legen wir dann einfach zu unseren Gunsten aus.« Deshalb kann ich dem Udo Lindenberg nur raten, sich alles genau vertraglich regeln zu lassen. Man kann nicht auf der Goodwill-Welle reiten und sagen: »Das kriegen wir an Ort und Stelle schon hin.« (…)

Ich glaube schon, daß sie mit diesem Passus nicht noch einmal kommen; das Ding hat ja nun wirklich genug Porzellan zerschlagen. Wir haben – wenn auch ungewollt – diese Praktiken etwas blamiert. (…)

Inzwischen würde ich auch sagen, daß einige Passagen da [in *Deshalv spell mer he*] nicht so besonders sind. Nicht besonders insofern, weil sie nicht im Sinne dieses Liedes sind, nicht der Grund, warum wir überhaupt dahin fahren wollten. Die Zeile »Die Volksvertreter sind eine Clique« hätte ich, wenn ich drei

Sekunden überlegt hätte, durch »Volksvertreter, ihr kriegt uns nicht vor den Karren gespannt« ersetzt. (...)

Man kann keinen Auftritt von uns vorplanen. Man kann nicht vorher sagen: »Jetzt kommt diese Ansage, und dann läuft das und das ab.« Das läuft bei uns nicht! Da käme ein total verkrampftes BAP-Programm heraus. Das hat mit unserem Verständnis von Rockmusik nichts zu tun, wenn wir so beschnitten würden. Rocktexte müssen dieses Privileg haben, eine Mischung aus subversiv, naiv, fordernd – auch das Unmögliche fordernd – zu sein. Und wenn da jemand einen staatlichen Eingriff macht, ist das von vornherein Asche. (...)

Nur haben wir es als politische Rocker weitaus schwerer, weil wir uns in einer schizophrenen Situation befinden: Hier sind wir volle Kanne am Machen – und drüben sollen wir es mit gebremstem Schaum tun. Und mit gebremstem Schaum – oder mit gar keinem Schaum wie die Spider Murphy Gang – verkleisterst du nur die Zustände. (...)

Für die Halle in Leipzig, wo 8000 Leute reingehen, sollten angeblich 700 Karten in den freien Verkauf gehen. Aber letztlich waren es nur 115. Das ist lächerlich, deshalb muß man sich schriftlich absichern, daß die Karten nicht nur an die linientreuen FDJler gehen. Mir ist es wichtiger, auf den anstößigen Song zu verzichten und mich an ein Programm zu halten, wenn ich weiß, wohin die Karten gehen. Ich will mich ja gar nicht auf die Bühne stellen, den Muskelmann spielen und sagen: »Schaut her, wie toll ich euch an den Karren pissen kann.« (...)

Auftritte in Stadien wären natürlich riesig, weil es so viel Linientreue gar nicht geben kann. (...)

Ich habe vor der Leistung der DDR – ohne Marshallplan das Land aufzubauen – auch unheimlichen Respekt. Für mich sitzen die moralischen Leute zum Teil sogar an den Spitzen drüben.

Wolfgang Niedecken, Musikexpress/Sounds 3/1984

Gibt es im Zusammenhang mit eurer verunglückten DDR-Tour noch Aspekte, die noch nicht so beachtet wurden?

Man muß da an einem Punkt ansetzen, wo die ganze Zeit noch nicht drüber geredet worden ist. Zum Beispiel, daß wir uns selber unheimlich schlecht gefühlt haben, dat nix gelaufen ist. Es wurde auch selten über das ganze Lied [*Deshalv spell mer he*] gesprochen, immer nur über die neuralgischen Zeilen »die kalten Krieger« oder das mit der »Clique«, dann war schon wieder Ende. Daß dieses ganze Lied eine absolute Berechtigung hat, das merkst du erst, wenn du dir den ganzen Text reintust, und auch wenn die ganze Geschichte jetzt erst mal in die Hose gegangen ist, ist es unheimlich wichtig, denn dieses Stück ist absolut in der pazifistischen Tradition entstanden, und ich finde es auch nach wie vor total gut.

Man wirft euch hier und da vor, bei ein wenig mehr Kompromißbereitschaft hätte es ja doch klappen können. Nur weil ihr partout auf diesen Text bestanden habt, mußten eure Anhänger in der DDR auf ihre Idole verzichten.

Wenn wir diesen Kompromiß akzeptiert hätten, hätten wir unterschrieben, daß man uns zu jeder Zeit hätte zwingen können, jede Ansage, die wir gebracht hätten, wo wir irgend 'n Stück auf die DDR bezogen hätten, zu ändern. Die brauchten dann nur zu sagen, seht mal in eurem Vertrag, Paragraph soundso, da steht, daß wir Programmänderungen vornehmen dürfen – wir nehmen jetzt eine Programmänderung vor. Dat und dat ist hiermit ersatzlos gestrichen. Das war ganz einfach der Dreh von der DDR-Künstleragentur, beziehungsweise denen, die das zu entscheiden hatten, uns vor ihren Karren zu spannen und keine Kritik unsererseits an ihnen laut werden zu lassen. Und da wir gewittert haben, daß das so ähnlich laufen könnte, haben wir das Lied dahingehend verändert, zu sagen: Das ist unsere Position. In dem

Stück wird doch auch eine unheimliche Freude ausgedrückt, ein Aspekt, der bisher immer vergessen wurde, eine Freude darüber, daß wir da spielen.

Meint ihr, die Leute da drüben haben kapiert, warum ihr nicht gekommen seid? Die offizielle Erklärung war ja recht bösartig.

Natürlich ist von der DDR-Seite überhaupt keine Erklärung für unser Nichterscheinen geliefert worden, außer dieser blöden Ansage, daß wir nicht unter der weißen Taube auf blauem Grund spielen wollten, was ja nun der absolute Oberschwachsinn war. In einer Sendung, die der Bayerische Rundfunk mit uns gemacht hat, kommen unsere Gründe eigentlich komplett rüber. Der Sendetermin, 'n Sonntagvormittag, war drüben gut bekannt gemacht worden, auch um was es da geht, und durch die Briefe, die daraufhin kamen, haben wir eine volle Bestätigung unserer Entscheidung erhalten. Mittlerweile kommen ja keine Briefe mehr an BAP, Köln, an, man muß sich jetzt schon den Namen von einem von uns oder den Roadies aussuchen. BAP, Köln, diese Briefe werden direkt an der Grenze abgekascht – klappt prima, die Dinger werden aufgeschnitten, gelesen und wieder zugeklebt. Jedenfalls, der Tenor in all diesen Briefen war der, daß die Leute meinten: »Wir sind zwar unheimlich traurig, daß es soweit gekommen ist, daß ihr hier nicht spielt. Wir hatten unheimlich Schwierigkeiten, an Karten zu kommen. Aber wir wären noch trauriger, wenn ihr unter den Umständen gespielt hättet – jetzt seid ihr für uns mehr als 'ne Band. Also, dat sind Sachen, die hauen mir echt die Gänsehaut runter. Die Leute in der DDR haben das völlig richtig gecheckt. Natürlich hat uns die DKP hier völlig verrissen, wir haben ja ihre tolle DDR blamiert.

Da scheint Lindenberg aber ein glücklicheres Händchen zu haben, er macht demnächst seine DDR-Tour. Ohne die Auflagen, wie man hört.

Zum Thema Lindenberg sag ich am besten nix – da können wir nach dem Sommer drüber reden. Ich hoffe ehrlich, daß er das so hinkriegt, wie er das plant. Ihm werden natürlich nach unseren Erfahrungen einige Sachen nicht mehr passieren, die ihm sonst vielleicht passiert wären. Dazu muß man sagen, daß der Lindenberg beziehungsweise der Rau insgesamt professioneller sind als wir. Wir sind da hingefahren und hatten nicht die Bohne schriftlich, so typisch diese Althippie-Tour, wir maache dat schon, dat jeht schon. Wenn wir das, was die uns dann schriftlich präsentiert haben, unterschrieben hätten, dann hätten wir zusätzlich zu unseren 40 000 Miesen noch ’ne Konventionalstrafe für ’ne ausverkaufte 14-Städte-Tour. Zahlbar in DM-West. Gerichtsstand Berlin-Ost, da hätten wir echt joot ussjesehn.

Wir lassen da jetzt mal Wiese drüber wachsen. Alles in allem aber waren das sehr wertvolle Erfahrungen. Für mich ist die DDR kein weißer Fleck mehr auf der Landkarte. Mich interessiert heute alles an Informationen, die ich über die DDR bekommen kann. Wir wollen nach wie vor unseren Beitrag zur Änderung der Verhältnisse leisten, nur kann das für ’ne Band wie die unsere nicht in Anpassung ausarten – wir sind eben nicht so ’ne Schlager-Rockband wie die Spider Murphy Gang – du kannst bei BAP nix wegschnippeln, dann ist es nicht mehr BAP.

Wolfgang Niedecken, Musikszene 6/1984

Christoph Dieckmann: *Als geschulter Undercover-Schreiber und -Hörer des Ostens sagte man sich natürlich: Solche Anti-Regime-Geschichten wie die von »Deshalv spill mer he« bringt man doch viel kunstvoller und perfider in Zwischentönen unter. Dann brüllen die Leute mit noch viel mehr Wonne, wenn sie’s enttarnen, und darauf war Verlaß. Und es gab Agreements mit den Herrschenden, auf Klartext zu verzichten; dafür sagten die: Dann spielt man schön.*

Na ja, klar. Dieses Stück ist natürlich auch ein Beleg dafür, wie wenig wir zu dieser Zeit wußten von der DDR. Wir haben einfach gedacht, Klartext, geradeaus, das wird man schon akzeptieren.

Wolfgang Niedecken, »Alles im Eimer, alles im Lot«, 1994

Besonders freue ich mich auf die Konzerte in den neuen Bundesländern. Dort scheinen wir ein großes Vertrauen zu genießen; die Erfahrungen der letzten Tour waren total herzlich. Da ist irgendwie eine ganz andere Wärme zu spüren.

Wolfgang Niedecken, Mannheimer Morgen,
4. September 1993

Es wäre gelogen, so zu tun, als würde es in der Musikszene keine Kluft zwischen Ost und West geben, genauso wie in der Bevölkerung. Es ist für die Ostbands ungeheuer schwer, im Westen Fuß zu fassen. Dafür findet im Osten momentan so eine Art Revival der alten staatstragenden Bands wie Puhdys etc. statt, nachdem sie zunächst mal völlig abgesagt waren. Das ist vergleichbar mit irgendwelchen Ost-Zigarettenmarken oder Cola-Sorten, die auf einmal wieder nach oben kommen. Sicher hat das neue Selbstbewußtsein, »weil die Wessies alle böse sind«, auch was damit zu tun. (…)
Was sich bezüglich der Fans geändert hat mit den Jahren: Ich hab '82 noch versucht, auf jeden Brief, dem 'ne Briefmarke beigelegt war, möglichst so zu antworten, daß ich nicht nur anonym 'nen Zettel mit Autogramm verschickt habe. Aber das ist irgendwann so viel geworden, daß ich damit aufhören mußte. Außerdem bin ich nicht der Lebenshilfe-Onkel, sondern spiele in einer Rock'n'Roll-Kapelle, das ist nun mal die Hauptarbeit. Bei den Ost-Fans ist alles noch neuer. Da geh ich instinktiv so ran, daß ich im Zweifelsfalle mal selbst antworte. Wir haben im Büro 'ne Dame, die mittlerweile raus hat, daß ich auf bestimmte Sachen, die aus dem Osten kommen, doch noch selber reagieren will. Den Brief krieg ich dann in mein Fach. Es gibt Leute, die ein Gefühl dafür haben, wann sie sich wieder melden können,

ohne einem auf den Geist zu gehen. Wenn ich von denen was höre, freue ich mich. Da hat zum Beispiel jetzt einer gefragt, ob er nicht bei der nächsten Tour bei uns als Koch mitfahren könnte. Ich wußte sogar noch, wie der Typ aussah, und hab bei den Leuten, die sich um das Catering kümmern, nachgefragt. Ich weiß nicht, ob 'n Westler noch so nah an mich rankommen würde. Ich hab einfach noch 'n anderes Gefühl dafür und denke, »ja gut, das kannste jetzt nicht so nach Schema F machen.« Es gibt so viele Fälle, die mit dem ganzen Ost-West-Theater zusammenhängen und nicht nach Schema F abgehandelt werden können; wo sich Problematiken auftun, die man früher nicht kannte.

Wolfgang Niedecken, »Nicht nach Schema F«,
In: »Küssen verboten«, 1994

Wir haben in den neuen Bundesländern vor einem Publikum gespielt, das uns ungeheuer warm empfangen hat, das total textkundig war. Ich habe mir in den kühnsten Träumen nicht vorgestellt, daß das so sein würde. Ich konnte wirklich an jeder Stelle des Programms 'ne Zeile auslassen, und die haben sie gesungen. Das muß man sich vorstellen: Wir waren ja verboten, seit unserer 1984 geplatzten DDR-Tour gab's drüben keine Platten von uns. Im Gegenteil: Es wurde sogar bestraft, wenn du 'ne BAP-Platte da reingeschmuggelt hast. Dann hattest du ein Verfahren am Hals. Die LPs wurden raubkopiert, weitergereicht, die Innenhefte handschriftlich vervielfältigt. Ich habe dann teilweise bei Fans solche Hefte gesehen – da kriegst du schon 'ne Gänsehaut, wenn du das siehst.

Wolfgang Niedecken, Mannheimer Morgen, 3. Mai 1991

Die erste Euphorie ist auch lange vorbei. Und es war völlig klar, daß die umkippt in Frust auf der einen und Überheblichkeit auf der anderen Seite. Als ich die damals alle mit der Deutschlandfahne auf der Mauer sitzen sah, hab ich gedacht, »du lieber Gott, was soll denn daraus werden?«, und wundere mich jetzt nicht über die Entwicklung. Das war alles voraussehbar. Es ist doch klar, daß nach dieser Phase der Euphorie erst mal eine Zeit des absoluten Sozialdarwinismus abgehen würde.

Wolfgang Niedecken, »Nicht nach Schema F«,
In: »Küssen verboten«, 1994

Denn mer sinn widder wer handelt ja genau von diesem deutsch-deutschen Überschwang. Das ist leider sehr schlimm gelaufen. Da finden Massenentlassungen statt, die Leute drüben sind wirklich ans Messer geliefert fürs erste. Wünschenswert wäre gewesen, noch Geduld zu haben, eine Alternative zur bestehenden Bundesrepublik aufzubauen in einem zweiten deutschen Staat. Kann man aber auch keinem verübeln, daß man ein Land draus machen wollte. Ich hätte mir nur gewünscht, daß es anders gekommen wäre.

Wolfgang Niedecken, Mannheimer Morgen, 3. Mai 1991

Diejenigen, die im Westen im Fahrwasser der Rechten segeln, sind für mich eigentlich verwöhnte, gelangweilte Spießersöhnchen. Das ist der große Unterschied zu denen im Osten. Ich mag da bei dem einen oder anderen Unrecht haben, deswegen ist vielleicht diese Verallgemeinerung nicht richtig. Aber ungefähr die Richtung ist das schon: »Wenn der letzte Schrei der Kick ist, daß wir Springerstiefel haben und uns die Rübe kahlrasieren müssen, dann gilt das nicht nur als geil, in der Schule mit diesem Outfit rumzurennen. Wir kriegen damit noch zusätzlich unsere Vätergeneration, die ja irgendwie aus den sechziger Jahren kommt, hervorragend auf die Palme.« Das sind also schon 'n paar andere Gründe, die nicht mit der Situation von ostdeutschen Ghetto-Kids vergleichbar sind. Diese Typen im Westen sind mehr Poseure als sonst was.

Doch insgesamt sehe ich diese Leute nicht als verloren an. Problematisch ist nur, daß man die zu früh ausgrenzt. Dieses Ausgrenzen finde ich unerträglich. Für mich ist nur jemand abgeschrieben, der diese Ideologie so gefressen hat, daß er darin völlig versteinert ist. Aber 'n junger Mensch, der noch keine andere Chance hatte, den darf man nicht ausgrenzen.

Das find ich auch verdammt störrisch von den Altlinken, die bei solchen Sätzen, wie ich sie gerade gesagt hab, das große Zukken kriegen. Ich kann mit rechten Stammtischsprüchen nix anfangen, aber mit linken auch nicht.

Wolfgang Niedecken, »Nicht nach Schema F«,
In: »Küssen verboten«, 1994

Als Mick Jagger im Müngersdorfer Stadion die Deutschland-Fahne rausholte, dachte ich nur: »Das geht doch nicht, das kann man nicht machen.« Wir Deutschen haben ein Problem mit unserer Nationalität, und das ist gut so.

Wolfgang Niedecken, Rolling Stone 2/1996

Ich fühl mich nicht als Deutscher. Es gibt das schöne Wort, daß man Kosmopolit sein kann. Ich fühl mich noch nicht mal als Europäer. Ich finde das auch sehr einengend, sich einer Nationalität zugehörig fühlen zu müssen.

Aber es gibt ja bestimmte Traditionen in Deutschland, die gut und wichtig sind.

Ich geh ja auch nicht in die andere Richtung und sage: Alles, was Deutschland ist, ist Käse – wunderbar, daß wir einen Heine, Goethe, Schiller, Bach oder Beethoven haben. Aber da würde ich mich genauso drüber freuen, wenn ich von den Molukken käme.

Wolfgang Niedecken, Mannheimer Morgen, 3. Mai 1991

Wie fühlt sich Wolfgang Niedecken nach der Wiedervereinigung?

Ich freu mich für die Leute, die endlich ihre Freiheit haben. Ich ärgere mich für die Leute, die diese Freiheit erkämpft haben und jetzt völlig abgemeldet sind.

Wolfgang Niedecken, Westdeutsche Allgemeine
Zeitung, 27. Oktober 1990

Dein Kollege Udo Lindenberg und andere Generationsgenossen wie Jauch und Gottschalk machen derzeit Stimmung für Berlin als neue großdeutsche Hauptstadt. Hat Niedecken dazu eine Meinung?

Finde ich äußerst merkwürdig. Ich weiß nicht, was die plötzlich reitet. Mir persönlich ist diese Frage so wichtig, wie wenn in Neuseeland die Tür ins Schloß fällt. Ich kann andererseits die Existenzängste der Bonner verstehen. Was ist Bonn außer Bundeshauptstadt?

Noch was zur Haupstadt: Wir Kölner sind ja für Prüm, das klingt gut, »auf dem Flughafen Köln/Prüm landete« oder »gab es einen Empfang in der Prümer Residenz des Botschafters Soundso« und abends im Fernsehen der »Bericht aus Prüm« und »Prümer Perspektiven«.

Wolfgang Niedecken, Bonner 11/1990

Das ganze Ding mit der Entwicklung in Deutschland wird noch viel länger dauern, als es auch der am schwärzesten malende Politiker zugibt, aber irgendwann wird's passiert sein. Ich glaub sogar, daß ich das noch erleben werde. Die Lebenserwartung ist doch ziemlich hoch, hab ich mir sagen lassen. Und ich rauch ja auch nicht.

Wolfgang Niedecken, »Nicht nach Schema F«,
In: »Küssen verboten«, 1994

Sucht

Ich habe eine Alkoholikerkarriere hinter mir. Und Alkohol ist die feigste Droge. Die kriegst du an jeder Ecke, schüttest sie in dich rein, bezahlst sogar noch brav die Steuern damit. Ich habe mir in Nicaragua vor zehn Jahren eine Hepatitis geholt und sofort aufgehört mit dem Saufen. Inzwischen bin ich süchtig, alles nüchtern zu erleben.

Wolfgang Niedecken, Bunte 48/1996

Was war, was ist Ihr größter Erfolg?

Seit sechs Jahren »trocken« zu sein.

Wolfgang Niedecken, Die Woche, 2. September 1993

Ein total irres Erlebnis, zum ersten Mal nüchtern auf der Bühne zu stehen. Es war der Hammer.

Wolfgang Niedecken, Gala 9/1995

Immer wurde bis zum Auftritt gesoffen, beim Auftritt natürlich auch. Nach dem Auftritt wurde gesoffen, und dann ging man noch mit den Leuten, die uns engagiert hatten, einen saufen. Bis nichts mehr reinging.

Wolfgang Niedecken, Kölner Express, 10. Oktober 1995

Aber es ist schwer, das Nichttrinken in Gesellschaft durchzuhalten. Wenn ich mich abends in die Kneipe stelle, muß ich jedem erklären, warum ich kein Bier trinke.

Wolfgang Niedecken, Kölner Express, 10. Oktober 1995

Heute trinke ich keinen Tropfen mehr. Weil ich zur Sucht neige. Ich hab auch von 18 bis 28 exzessiv geraucht. Aber andere Drogen tauchten nur peripher auf. Ich hatte eh kein Geld.

Wolfgang Niedecken, Gala 9/1995

Es ist damals zuviel – auch meine erste Ehe – am Suff kaputtgegangen. Das möchte ich nie wieder erleben.

Wolfgang Niedecken, Bild am Sonntag, 19. Februar 1995

Mittlerweile erlaube ich mir mal ein gutes Weinchen zum Essen, aber ich muß aufpassen, denn ich weiß, daß mein Suchtpotential sehr, sehr groß ist. Ich habe mich da aber im Griff.

Ansonsten finde ich, daß Haschisch keine schlechte Droge ist. Haschisch ist eine sehr sensibilisierende Droge, während der Alkohol einen platt macht. Ich würde mich mehr aufregen, wenn ich meine Jungs besoffen in der Ecke finde, als wenn ich sie beim Kiffen erwischen würde. Ich will damit nicht sagen: »Bitte, kifft doch alle!« Ich finde nur, daß Haschisch nichts Gefährliches hat. Es ist auch nicht die Einstiegsdroge, als die es von vielen verteufelt wird. Die beste Droge ist ohnehin Adrenalin. Die hat jeder von uns im Körper. Wenn sie zur Ausschüttung kommt, das ist der Renner.

Wolfgang Niedecken, Das neue Fachblatt
Musiker Szene 2/1999

Familie

Man verändert sich, und das muß man akzeptieren. Es gibt Leute, die spielen lebenslänglich den wilden Berufsjugendlichen, das finde ich albern. Ich bin vor zwei Jahren Vater einer Tochter geworden. Eine Familie – das ist für mich jetzt das größte Abenteuer.

Wolfgang Niedecken, Bild am Sonntag, 4. August 1996

Rückt durch deine Familie BAP mehr in den Hintergrund?

Nein. Meine Familie weiß: Der Alte braucht das.

Wolfgang Niedecken, B.Z., 30. August 1996

Ich kann mir nicht vorstellen, daß ich ausgerechnet mein Kind in meinen Texten aussparen werde. Ich will die Entwicklung von dem Kind voll mitkriegen, ich würde mir ein Kind nicht erlauben, wenn ich das Gefühl hätte, es käme zu kurz. Ich denke, daß ich Band und Kind sehr gut miteinander vereinbaren kann. Es ist natürlich ein Schuß Egoismus dabei, wenn ich sage, daß ich von der Entwicklung des Kindes auch selbst etwas haben will. Ich will einfach kein Kind in die Welt setzen und irgendwann feststellen: »Hoppla, et ess jo schon em dritte Schulljohr!« Dat wär mir zu doof. Ich gehe auch davon aus, daß die ganze Band sich jetzt schon auf das Kind freut. Vielleicht nehmen wir es ja

auch hin und wieder mit, wenn wir unterwegs sind. In diesem Fall müßten wir allerdings erst noch ein »Wickel-Case« bauen, mit Penaten-Öl, Windeln und allem drum und dran!!!
Wolfgang Niedecken, Musikexpress/Sounds 9/1983

Und wie geht es Carmen, deiner ersten Frau?

Wir wohnen nur fünf Minuten Fußweg auseinander. Die stressige Phase ist vorbei. Jetzt gehen alle vier Kinder bei mir ein und aus.
Wolfgang Niedecken, Leipziger Volkszeitung, 23. August 1996

Was denkt Niedecken, wenn er auf der Bühne alte Liebeslieder singt, die er noch für seine erste Ehefrau geschrieben hat?

Mit *Do kanns zaubre* habe ich keine Probleme. Das Stück hat sich im Lauf der Jahre verselbständigt und drückt ein so schwereloses Glücksgefühl aus, daß ich es immer noch gerne singe. Bei *Vun mir uss Kitsch* hätte ich hingegen kein gutes Gefühl.
Wolfgang Niedecken, Kölner Stadt-Anzeiger, 17. August 1996

Was war Ihre dramatischste Fehlentscheidung?

Aus romantischen Erwägungen zu heiraten.
Wolfgang Niedecken, Die Woche, 2. September 1993

Woran ist die Ehe mit Carmen gescheitert?

Wir hatten uns ineinander vertan. Ich hatte vorausgesetzt, daß sie so flexibel ist, wie man es sein muß, wenn man mit jemandem wie mir zusammen ist. Ein Leben mit mir zu führen ist, objektiv gesehen, eine Zumutung. Mit mir auf Tournee zu gehen, jeden Abend in einem anderen beschissenen Hotel – obwohl die inzwischen ganz schön nobel geworden sind –, das kann schnell langweilen. Und dann kam der Anspruch: Wenn du nicht auf

Tournee bist, bist du gefälligst zu Hause, und zwar mit Geist und Körper. Ich bitte dich, das geht nicht. Rock'n'Roll ist kein Ding, wo du morgens um acht ins Rock'n'Roll-Büro gehst und kommst um sechs abends nach Hause.

Wolfgang Niedecken, Bonner 11/1990

Ist Ihre zweite Frau mit Ihrer Ex-Frau befreundet?

Nee, nee, das wäre zuviel verlangt. Aber es gibt einen gewissen Grundrespekt. Ohne den wäre das für die Kinder eine Katastrophe.

Wolfgang Niedecken, Bunte 48/1996

Seit die familiären Fronten geklärt sind, muß ich in meinen Texten nichts mehr verschlüsseln wie bei den Songs von *Da Capo*. Damals konnte ich meine Probleme nicht offen formulieren und habe mich verkrampft.

Wolfgang Niedecken, Audio 9/1993

Ich war bei allen vier Geburten meiner vier Kinder dabei. Darum beneide ich keine Frau. Ich glaube, die Bevölkerungsexplosion wäre kein Problem, wenn die Männer die Kinder kriegen müßten.

Wolfgang Niedecken, Bunte 48/1996

Im Streß kann ich mich selbst therapieren, indem ich alles seinlasse und nur durchs Haus renne, um zu gucken, ob es den Blumen gutgeht. Ich gieße sie, zupfe die welken Blätter ab. Wenn sie gesund sind, ist auch meine Welt in Ordnung.

Wolfgang Niedecken, Bunte 48/1996

Apropos Tourneen. Müssen BAP-Frauen denn eifersüchtig sein?

Ach, das ist doch gar nicht das Problem, diese One-Night-Loveaffairs, dat is alles Klischee. Der beste Spruch zum Thema »Sex and Drugs and Rock'n'Roll« kam letztens vom Nena-Gitarristen: Das einzige, was seine Arbeit mit Sex und Dingens zu tun hat, ist, daß er seit einem Monat keine Zeit mehr hatte, mit seiner Freundin zu schlafen. Nä, die Probleme, die sich da auftun, sind zum Beispiel, daß du nicht mehr abschalten kannst, daß du zu Hause bist und trotzdem nicht richtig da, daß du vieles, was zu Hause abläuft, nicht mitkriegst, für unwichtig hältst.

Wolfgang Niedecken, Fachblatt Musikmagazin 3/1986

Trauerarbeit muß im Herzen stattfinden, nicht auf dem Friedhof. Selbst das Grab meines Vaters habe ich nur ein einziges Mal besucht. Damals, als mein Bruder gestorben ist.

Wolfgang Niedecken, Bunte 48/1996

Meine Söhne kennen jede Fassung meiner Songs. Der Große lernt Gitarre und der Kleine Schlagzeug. Jetzt überlegen sie schon, wie sie das mit ihrer Band machen. David Hasselhoff haben sie einfach übersprungen. Sie sind gleich zum Wesentlichen übergegangen und stehen besonders auf Guns'n'Roses.

Wolfgang Niedecken, Audio 9/1993

Sind deine Kinder Fans der Kelly Family?

Nein! Die hören H-BlockX und die Toten Hosen.

Wolfgang Niedecken, Volksblatt, 21. September 1996

Dylans Sohn Jakob hat mit den Wallflowers seine erste eigene Platte veröffentlicht. Spielt Severin, mit Jahrgang 1984 dein Ältester, auch ein Instrument?

Gitarre. Er hat auch 'ne Band, die bei mir im Keller probt. Die spielen Nirvana und H-BlockX nach. Mal sehen, was draus wird. Ich will nicht drängeln.

Wolfgang Niedecken, Leipziger Volkszeitung, 23. August 1996

Severin will Gitarrist werden. Letztens fragt er mich: »Kennste *Hey Joe* von Hendrix?« Da biste stolz, als wenn du eben die Gruga-Halle bedient hättest!
Wolfgang Niedecken, Gala 9/1995

Mit Erschrecken mußte ich feststellen, daß auch meine Söhne lieber Platten zerkratzen, als Gitarre zu spielen. Trotzdem bin ich mit Neil Young überzeugt: »Rock'n'Roll will never die.«
Wolfgang Niedecken, Bild am Sonntag, 24. Januar 1999

Wir waren sehr erleichtert, daß die Alten die Stones nicht akzeptieren konnten. Wie das mir mal ergehen wird mit meinen Kindern, weiß ich nicht. Der Älteste ist zehn, der will noch immer von mir hören, was mir gefällt. Er möchte ganz viel wissen über Musik. Ich versuche, es ihm alles relativierend beizubringen, im großen Zusammenhang, woher was kommt und warum. Er wird ein großes Problem kriegen, was zu finden, wo sein Alter sagt, das finde ich nun überhaupt nicht mehr okay. Wahrscheinlich wird er sich irgendwas suchen müssen, was er selber auch nicht okay findet, nur damit ich es endlich auch nicht okay finde.
Wolfgang Niedecken, »Alles im Eimer, alles im Lot«, 1994

Na, ich käme schon ganz schön ins Staunen, wenn meine Kinder mit Glatzen ankämen und hätten sich Runen auf die Arme tätowiert. Das würd ich nicht so einfach wegtun können mit »das regelt sich von selbst«. Das würd ich nicht schaffen.
Wolfgang Niedecken, »Alles im Eimer, alles im Lot«, 1994

Als Sie Ihre Frau Tina 1987 im Flugzeug sahen, wußten Sie da: Das ist sie?

Nee. Ich dachte nur: Hoppla! Ma' merken! Ich war ja noch verheiratet.
Wolfgang Niedecken, Gala 9/1995

Am Anfang war es mit Tina eine Kummerkastenbeziehung. Was verheiratete Männer in solchen Situationen eben tun: sich bei der Freundin ausheulen. Ich wollte damals meine Familie retten.
Wolfgang Niedecken, Bild am Sonntag, 19. Februar 1995

Woher kommt eigentlich der Mut, dein Leben so vor der Öffentlichkeit auszubreiten, diese Ehrlichkeit? Gibt es da nicht auch Probleme mit Betroffenen?

Das gibt auch Probleme. Ich bin mir auch nicht sicher, ob ich das immer richtig gehandhabt habe. Gerade, wenn man in den absolut privaten Bereich geht. Das war nicht immer leicht, und ich fühl mich auch nicht bei allem, was ich da geschrieben habe, sehr wohl. In der Zeit, wo meine erste Ehe den Bach hinunterging, waren das auch teilweise Hilferufe, die man dann unbewußt aussendet und denkt, das muß doch irgendeiner mitkriegen. Das ist natürlich völliger Unsinn. Warum muß ich das über Platte stattfinden lassen? Das hätte ich gefälligst mal selber, privat auf die Reihe kriegen sollen.
Wolfgang Niedecken, Der Neue Tag, 23. März 1995

Zunächst habe ich mir eingestanden, daß meine Ehe im Eimer ist, und aufgehört, sie auszusitzen. Lange Zeit dachte ich, das bekommst du schon wieder hin. Doch irgendwann war der Groschen gefallen. – Wir haben grundverschiedene Vorstellungen vom Leben. Und das bedeutet eben, ich mache mir kein X mehr für ein U vor. Das ist auch gegenüber den Kindern das einzig Verantwortungsvolle, was man machen kann. Eltern, bei denen ständig eine schlechte Grundstimmung herrscht, bei denen gibt es keine Atmosphäre, in der Kinder aufwachsen sollten.

Die neue Single »Alles im Lot« beschreibt wohl Phasen deiner Ehe. Ist es eine musikalische Aufarbeitung dessen, was du deiner Frau noch sagen wolltest?

Ja. Im Laufe der Jahre verstand ich immer weniger von den Inhalten ihrer Briefe, sowohl die mündlichen als auch die schriftlichen, und sie immer weniger von meinen Liedern. Irgendwann hat sie die Lieder gar nicht mehr registriert oder nicht verstanden. Ich hoffe, daß sich das jetzt verändert hat. Mit der Platte habe ich ihr schon einiges zu sagen – Inhalte, zu denen ich in einem Gespräch noch nicht in der Lage bin. Davon handelt ja auch *Wat usser Rock'n'Roll*. Offensichtlich bin ich auf der Bühne eher in der Lage, meine Gefühle zu zeigen, als im Privatleben – das gehört ja fast schon auf die Couch.
Wolfgang Niedecken, Inside/Stadtmagazin Magdeburg 1/1991

Campino ist für meine Söhne, was für mich Bob Dylan ist.
Wolfgang Niedecken, Süddeutsche Zeitung, 18. Juni 1994

Carmen ist für mich unbequem, weiß, was sie will. Solche Frauen mag ich. Nicht diese Beisitzer.
Wolfgang Niedecken, FAZ-Magazin, 28. August 1987

Meine erste Beziehung dauerte von 15 bis 26. Die zweite war so'n Kumpelverhältnis. Schön – aber nicht die große Liebe. Dann traf ich Carmen, meine erste Frau, und dachte: Das isses. Aber unsere Lebenspläne waren zu unterschiedlich.
Wolfgang Niedecken, Gala 9/1995

Als ich 1983 Carmen heiratete, dachte ich: Das ist die Frau deines Lebens, jetzt mußt du heiraten. Wir wollten ein Kind. Doch als der Junge unterwegs war, merkte ich: Die Beziehung wird nicht funktionieren.
Wolfgang Niedecken, Bild am Sonntag, 19. Februar 1995

Carmen und ich wohnen keinen Kilometer voneinander entfernt. Unsere beiden Söhne können jeden Tag zu dem gehen, zu dem sie gerade wollen.
Wolfgang Niedecken, Bild am Sonntag, 19. Februar 1995

Mit Tina kann ich dieses Leben aus dem Koffer führen. Ich hab keine Lust, alleine durch die Gegend zu reiten.

Daher früher diese Groupie-Geschichten?

Ja, das war die Zeit, in der ich durchhing. Damals habe ich aber Ekel vor mir verspürt und diesen Herrn am nächsten Morgen immer sehr ungern rasiert.

Wolfgang Niedecken, Gala 9/1995

Tina ist die ideale Frau für mich. Wir ergänzen uns total. Tina ist beispielsweise völlig positiv, und ich neige zur Melancholie.

Wolfgang Niedecken, Bild am Sonntag, 19. Februar 1995

Was macht die Kunst?

M aler und Musiker – so führt mich auch das Einwohner-
meldeamt.
Wolfgang Niedecken, Bild am Sonntag, 19. Februar 1995

Ich bin eigentlich ein Künstler, der irgendwie zur Musik gekommen ist.
Wolfgang Niedecken, Zug 11/1996

Es wird so oft gesagt, der BAP-Sänger »malt auch«, aber die Malerei ist schließlich mein Beruf.
Wolfgang Niedecken, Die Rheinpfalz, 27. Juni 1994

Mein Lebensplan sah keine Familie vor. Ich gedachte, von der
Hand in den Mund zu leben und Bilder zu malen. Ich hatte nicht
vor, »es« irgend jemandem zu zeigen. Ich sah eigentlich nie, daß
ich etwas zu beweisen hätte. Ich ruhte in mir. Vor 'ner Staffelei
zu stehen und Bilder zu' malen scheint mir ein ungeheures Privileg, auch heute noch. Im Atelier bin ich sehr ausgeglichen. Ich
durchleide zwar alle Qualen, die einem das Kunstwerk auferlegt
bei der Produktion, aber wenn ich das Ding dann fertig hab und
mich in die Badewanne zurückziehe, da bin ich völlig glücklich.
Ich bin dann so was von ausgetobt, wie ich es nicht mehr bin,
wenn ich von der Bühne komme.
Wolfgang Niedecken, »Alles im Eimer, alles im Lot«, 1994

192

Es sieht nun aber so aus, daß zum Beispiel Manfred Boecker und ich auf dem Gebiet, auf dem wir Spezialisten sind und eine Aus-bildung haben – die Malerei –, unser Geld nicht verdienen kön-nen. Spezialist sein – das ist so eine Sache. Auf dem Musikgebiet sind wir's alle nicht.

Die Malerei allein reicht mir nicht aus, das Textschreiben nicht, die Musik nicht. Ich brauche die verschiedenen Ausdrucksmög-lichkeiten. Ich will etwas umsetzen: meine Angst. Zum Beispiel habe ich bei einem Konzert in Köln vor der Politrockgruppe Schmetterlinge einen Auftritt gehabt. Wenn ich da spiele, wenn ich meine Lieder vorstelle, dann tue ich es nicht, weil ich über die Zusammenhänge zwischen dem russischen oder chinesischen Parteitag von Neunzehnhundertsoundsoviel Bescheid wüßte, sondern weil ich irgendwo Angst empfinde. Und die bringe ich in den Liedern zum Ausdruck. Diese Angst ist ziemlich diffus. Aber ich kann dies Diffuse doch wieder definieren – anhand der Texte.

Wolfgang Niedecken, Stadtrevue, November 1979

Mehr und mehr bemerke ich, daß meine ganze künstlerische Arbeit eine zunächst unbewußte, unsystematische Spurensiche-rung ist, ich möchte Zeit und Erleben festhalten. Das ist natür-lich erst einmal vordergründig biographisch, aber hat trotzdem immer auch etwas Allgemeingültiges. So ähnlich wie bei meinen Texten.

Wolfgang Niedecken, »Auskunft«, 1990

Ob man mit Kunst oder Musik nichts verdient, ist doch egal.

Manfred »Schmal« Boecker, Kölnische Rundschau, 17. April 1982

Ich zähle nicht zur Kategorie »Prominente, die malen«. Studiert habe ich schließlich Malerei und nicht Musik! Ich kann bis heute

keine Noten lesen und hätte nicht einmal die Aufnahmeprüfung
für ein Musikstudium geschafft.

Wolfgang Niedecken, Bild am Sonntag, 19. Februar 1995

Genau zu dem Zeitpunkt, als das mit der Malerei und der bil-
denden Kunst anfing, mich zu beunruhigen – ich mußte mich
um Galerien und Leute kümmern, die meine Sachen ausstellten,
was mir eigentlich widerstrebte und das Ganze auch ziemlich
vermieste –, ging das mit der Musik los. Dabei war Musik ja
zunächst einmal nur ein Hobby. Als wir dann die ersten Erfolge
damit hatten und feststellten, daß das, was aus unseren Köpfen
kam – ich geh jetzt mal von den beiden Gründungsmitgliedern,
meinem Studienkollegen »Schmal« und mir aus –, auch bei ganz
anderen Leuten gut ankommen kann, das war schon eine richtige Erleichterung. Und je mehr Erfolg wir mit der Musik hatten,
um so unabhängiger wurden wir ja auch davon, in dem Business
der Malerei »Klinkenputzen« gehen zu müssen.

Ich bin heute heilfroh darüber, daß ich einen großen Teil, was
die Kunst betrifft, einfach übersprungen habe. Heute kümmern
sich Galeristen um meine Ausstellungen. Aber nicht unter dem
Motto: Elke Sommer malt jetzt auch, und den Promi werden
wir dann auch noch unterbringen.

Wolfgang Niedecken, Concerts 6/1991

Ich sehe das so: Niedecken kriegt eine Ausstellung – nicht weil
er Niedecken heißt, sondern obwohl er Niedecken heißt.

Wolfgang Niedecken, Bild am Sonntag, 19. Februar 1995

Ohne aufschneiden zu wollen: Meine Sachen sind ja auch wirklich gut. Schließlich weiß ich auf dem Sektor Bildende Kunst
besser Bescheid als auf dem Sektor Musik.

Wolfgang Niedecken, Concerts 6/1991

Ich notiere mir viel, sammle Material. Manchmal ist es wirklich ein Zufall, an welcher Stelle das wieder rauskommt. Ich sauge das auf wie ein Schwamm, und irgendwann drücke ich den aus. Dann wird entweder was Bildnerisches daraus oder ein Text oder Musik.

Wolfgang Niedecken, Lausitzer Rundschau, 18. Januar 1997

Wenn mich jemand nach meinen neuen Sachen fragt, kann ich nur sagen: Eigentlich stehen ja meine Bilder überall. Ihr braucht nur mal aufmerksam auf den Boden zu gucken, wenn ihr über die Straße geht, und die Geschichten wahrzunehmen, die euch zum Beispiel so eine Asphaltdecke erzählt. Wo 'ne Kante ist, wo der Asphalt zu 'ner anderen Zeit aufgetragen wurde. Hier ist was geflickt worden, da hat mal was gestanden, da war ein Zebrastreifen. Kunst kann einen sensibilisieren, die Dinge völlig anders wahrzunehmen. Und dann sieht man überall Geschichten.

Wolfgang Niedecken, Zeit-Magazin, 24.1.1997

1974 machte ich mein Examen in freier Malerei an der Kölner Kunsthochschule. Im Establishment der Kunstszene bin ich dann fast verschlungen worden. Der unfreiwillige Zivildienst war meine Rettung. Da habe ich begriffen, was Realität ist. Dieses L'art-pour-l'art-Getue eines aufgestiegenen Bürgersöhnchens will ich nicht mehr.

Wolfgang Niedecken, FAZ-Magazin, 28. August 1987

Genau in der Phase, als wir den Doppelplatin-Erfolg mit *Ussze-schnigge* hatten, da kamen bei uns natürlich wahnsinnig viel Anfragen, die sich dann nachher als Luftnummer entpuppten. So auch, daß Joseph Beuys gerne eine Nummer mit uns aufnehmen möchte, wobei ich einen Text schreiben sollte. Joseph Beuys ist für mich künstlerisch der letzte große Revolutionär, genau wie Jimi Hendrix in der Musik. Danach ist kein größerer mehr gekommen, der so viel Innovationen brachte.

Ich habe so etwas für unmöglich gehalten und mich überhaupt nicht mehr darum gekümmert. Eines Abends mache ich den Fernseher an, sehe die Musiksendung *Bananas* und die komplette Band BAP als Backing Group von Joseph Beuys. Irgendein Werbetexter hatte für ihn den Text geschrieben. Die Nummer war so Scheiße, daß ich mich schwarz geärgert habe. Es war eine Katastrophe: Nicht nur die Chance verpaßt zu haben, sondern auch wegen diesem Scheißtext – »Wir wollen Sonne statt Reagan.«

Wolfgang Niedecken, Das neue Fachblatt
Musiker Szene 2/1999

Die Bilder von Julian Schnabel [New Yorker Neo-Expressionist, Niedecken-Freund und einer der bestbezahlten Künstler der Welt] waren für mich eine große Hilfe, dahinterzukommen, daß alles in Schichten übereinanderliegt.

Wolfgang Niedecken, Zeit-Magazin, 24.1.1997

Ich kam als Kunststudent nach New York und lernte drei meiner großen Helden kennen: Larry Rivers, Howard Kanowitz und Malcolm Morley [drei führende Fotorealisten]. Bei Kanowitz habe ich gewohnt. Rainer Groß, mit dem ich zusammen studiert hab, war sein Assistent. Danach wohnte ich bei Larry Rivers. Dann sollte ich bei Malcolm Morley Assistent werden. Nachdem ich ihn ein paar Tage genossen hatte, fuhr ich lieber wieder nach Hause, um meine eigenen Bilder zu malen.

Wolfgang Niedecken, »Alles im Eimer, alles im Lot«, 1994

Musik darf nie ein Vehikel sein. Genau wie ein Bild nie nur ein Transparent für eine Message sein darf. Es muß eins zu eins sein. Damit hängt auch zusammen, daß ich kaum unterscheiden kann: Wo hört der Musiker auf, wo fängt der Maler an.

Wolfgang Niedecken, Zeit-Magazin, 24.1.1997

Das Cover eures neuen Albums »Comics & Pin-Ups« zeigt eine üppige Blondine, die sich an einem Seil durch die Kölner Skyline in ihr Penthouse schwingt – ein entsetzter Büromensch klammert sich an ihren Rücken. Was will uns der Künstler damit sagen?

Die Idee basiert eigentlich auf einem Cartoon von Robert Crumb. Ich mag den ätzenden, subversiven Humor seiner Zeichnungen. Im Original ist es ein pubertierender Junge, der träumt, er sei Tarzan, der sich an den Rücken von Jane klammert, die an Lianen durch den Dschungel schwebt. Da wir leider nicht die Erlaubnis bekommen haben, das Original abzudrucken, mußten wir uns mit einer anderen Lösung begnügen. Ich finde, sie ist ganz gelungen.

Wolfgang Niedecken, Musikexpress/Sounds 2/1999

Die Artwork zu *Comics & Pin-Ups* ist so etwas wie eine Hausarbeit für Kunststudenten. Ich habe dabei hohe und niedere Kultur in Beziehung gesetzt – zum Beispiel Tizians »Raub der Europa«, wo Zeus als Stier das Mädel entführt, mit so einem gemalten Pin-Up, das ein Mädchen auf irgendeinem Gummitier zeigt.

Wolfgang Niedecken, EMI Presse-CD-ROM
zu »Comics & Pin-Ups«, Januar 1999

FC, jeff Jas

FC, jeff Jas, mir wolle fiere
FC, jeff Jas, he weed nit resigniert
FC, jeff Jas, selvs wenn mer verliere
FC, jeff Jas, mir stonn zo dir.

FC, jeff Jas [»FC gib Gas«; Single mit
Guildo Horn und Stefan Raab]

*Haben Sie »FC, jeff Jas« aus Mitleid nach dem Abstieg des 1. FC
Köln geschrieben?*

Nein. Obwohl mir das schon sehr nahegegangen ist mit dem
Abstieg. Der FC hatte vor Jahren mal angefragt, ob wir eine
Hymne schreiben. Da wir uns nicht als Jubelperser betrachten,
haben wir abgesagt. Der Text hat sich jetzt irgendwie ergeben.

Wolfgang Niedecken, Kölner Stadt-Anzeiger, 25. Juli 1998

Was ist Ihr Lieblingsplatz in der Stadt?

Sitzplatz Mitte oder Stehplatz Südkurve, wohltemperiert.

Wolfgang Niedecken, Kölner Express, 21. März 1984

Aber wir haben ja immer noch den »von Gott Geschickten«, Azizi, oder wie heißt der? Da sehe ich wirklich nicht schwarz.
Wolfgang Niedecken, Kölner Stadt-Anzeiger, 25. Juli 1998

Mein Herz schlug schon als kleiner Junge für das Geißbock-Team. Wenn die Mannschaft verloren hat, habe ich das Spiel mit Kumpeln in der Südstadt nachgespielt: Bis wir gewonnen haben.
Wolfgang Niedecken, Kölner Stadt-Anzeiger, 25. Juli 1998

Sie haben die kölschen Fußballgrößen um Hans Schäfer, Wolfgang Weber, Heinz Flohe und Wolfgang Overath mit Musikerlegenden wie John Lennon und Bob Dylan verglichen – können die Altstars etwas für den krisengeschüttelten FC tun?

Ich habe schon häufiger daran gedacht, mit »Bulle« Weber, Wolfgang Overath und anderen die Mannschaft einzuladen und bei einem Kölsch richtig auf den Klub einzuschwören, damit sie künftig rennen. Aber so etwas funktioniert wahrscheinlich nur im Land der Schlümpfe.
Wolfgang Niedecken, Bild am Sonntag, 20. September 1998

Meine erste Erinnerung an Fußball ist das Möbelgeschäft Heinrichs, das es in den fünfziger Jahren am Chlodwigplatz gab. Die hatten Fritz Walter eingeladen, da habe ich mir ein Autogramm geholt. Das andere Autogramm, das ich mir jemals in meinem Leben geholt habe, war vor ein paar Jahren von Chuck Berry.
Wolfgang Niedecken, Kölner Stadt-Anzeiger, 9. November 1996

Ich hätte Ende der siebziger Jahre auch nicht gedacht, daß ich mich später mal immer an das Trikot von Harald Konopka [1978 Verteidiger der Meistermannschaft des 1. FC Köln] erinnern würde. Egal, was für Wetter – wenn das Spiel zwei Minuten alt war, konntest du den Konopka nicht mehr an der Nummer, sondern nur noch am versifften Trikot erkennen.

Wolfgang Niedecken, Kölner Stadt-Anzeiger, 9. November 1996

Manni Schwabl [Urbayer, Dialektsprecher und ehemaliger Mittelfeldspieler vom 1. FC Nürnberg, Bayern sowie 1860 München] ist bei uns in der Band so etwas wie eine Kultfigur. Wenn der ein Interview gibt, dann rufen wir uns gegenseitig an: Mach den Fernseher an! Er ist drin! Wir lieben Manni vor allem dann, wenn er unmittelbar nach dem Spiel interviewt wird und noch völlig außer Atem ist.

Wolfgang Niedecken, Kölner Stadt-Anzeiger, 9. November 1996

Wegen seiner Bayer-Leverkusen-Besessenheit kann ich den »Major« auf Tour immer herrlich hochnehmen. Ich habe ja schließlich das Mikrofon-Monopol und somit die Möglichkeit, nach einem Leverkusener Fehltritt bis zum nächsten Spieltag zu lästern.

Wolfgang Niedecken, Kölner Express, 2. September 1998

Ein großes Handicap der Kollegen von der Fußballabteilung ist, daß man sie zuerst in den Himmel hebt, und in der nächsten Woche sind sie der letzte Dreck. Das Gefühl, das man dabei hat, kann man nachvollziehen, wenn man in einer Band spielt.

Wolfgang Niedecken, Kölner Stadt-Anzeiger, 9. November 1996

Sie sind in der Südstadt geboren, gelten auch als Fan von Fortuna Köln.

Den Fortuna-Präsidenten Jean Löring kenne ich seit meiner Jugend. Meine Eltern hatten in der Südstadt einen Lebensmittelladen. Da kam er oft rein. Ohne Löring gäbe es die Fortuna nicht. Er verkörpert Fortuna. Da der 1. FC Köln abgestiegen ist, wittert er jetzt natürlich die Chance, und ich drücke ihm beide Daumen: Trotzdem: Wenn die gegen den FC spielen, ist völlig klar, mit wem ich halte. Der FC-Virus hat mich befallen.

Wolfgang Niedecken, Kölner Express, 2. September 1998

Als ich zum Ehrenmitglied des FC ernannt wurde, habe ich ehrlich Gänsehaut bekommen, denn einen Fußballverein sucht man sich nicht aus, den kriegt man angeboren.

Wolfgang Niedecken, AP, 27. Januar 1999

Diesmal ging der Vorhang auf – und BAP stand da mit einem neuen Gitarristen: Toni Polster im FC-Trikot und mit rot-weißer Gitarre. Die Gesichter in den ersten Reihen spiegelten nur ein Gefühl: Fassungslosigkeit. »Wie kommt der denn jetzt da auf die Bühne?« Man spürte förmlich ein 6000köpfiges Fragezeichen. Toni hat seine Sache ganz hervorragend gemacht! Auf allen Fotos, die ich davon gesehen habe, wirkte das sehr professionell. Daneben sah ich aus, als würde ich das zum ersten Mal machen.

Wolfgang Niedecken, Rolling Stone 2/1999

Welche Fußballer sind mit Ihnen geistesverwandte Rock'n'Roller?

Toni Polster, Thomas Häßler und Toni Schumacher. Beckenbauer irgendwie auch. »Schaun mer mal« ist der zurückgelehnteste Spruch des Jahrzehnts.

Wolfgang Niedecken, Bunte 48/1996

Nur durch den Toni [Polster] hat die Band jetzt eine Mannschaft, der sie gemeinsam die Daumen drückt – solange es nicht gegen Leverkusen (»Majors« Team), Frankfurt (Drummer Jürgen Zöllers Favorit) oder Köln (Rest von BAP) geht.

Wolfgang Niedecken, Rolling Stone 2/1999

Ich stürze mich nicht aus dem Fenster, wenn der FC absteigt. Es ist einfach mehr Fun, wenn er nicht absteigt.

Wolfgang Niedecken, Kölner Stadt-Anzeiger, 9. November 1996

20 Jahre BAP – Ein Interview

Gespräch des Herausgebers mit Wolfgang
Niedecken am 15. Januar 1999

2 *0 Jahre BAP – eine Zahl wie in Stein gemeißelt. Was bedeutet
das Jubiläum für dich?*

Das ist nur eine Zahl wie jede andere und macht mich nicht so
furchtbar an. Ich muß zur Zeit so oft zurückblicken, daß ich
mich mittlerweile frage, ob wir das mit dem Jubiläum vielleicht
besser nicht an die große Glocke gehängt hätten. Aber die Geschichte der vergangenen 20 Jahre kommt mir wie ein Traum
mit Überlänge vor – nicht, daß ich morgen aufwache und Staats-
examen in Kunst machen muß. Schließlich hing unsere Karriere
von so vielen Zufällen ab. Wenn ich daran denke, wen ich in dieser Zeit alles kennengelernt und mit wem ich gespielt habe – einfach traumhaft. Heinrich Böll, Joseph Beuys, Nelson Mandela –
da sind zum Teil ja richtige Freundschaften entstanden. Irgendwann stand ich mit Bruce Springsteen auf der Bühne und habe
im Vorprogramm der Stones gespielt. Wir haben 'ne Nummer

von 'nem kölschen Penner in China gespielt – Wahnsinn, wenn
man sich das überlegt.

Was ist das Besondere an der Band BAP, daß ihr als eine der ganz
wenigen deutschen Formationen einen solchen Zeitraum – wenn
auch mit kleineren Blessuren – überstanden habt?

Wichtig war, daß wir nie mit Fünfjahresplänen vorgegangen sind,
sondern organisch einen Schritt nach dem anderen gemacht haben – inklusive der ganzen Umbesetzungen. Ich bin ja der letzte
Mohikaner, der seit dem ersten Album dabei ist. BAP ist anscheinend mein Baby – es gibt Leute, die den Weg eine Zeitlang
mitgehen, und dann trennt man sich eventuell wieder. Ich habe
mittlerweile eingesehen, daß immer wieder mal jemand die Band
verlassen wird. Diesen Sepp-Herberger-Mythos, von wegen elf
Freunde müßt ihr sein, haben wir verabschiedet. Sonst wäre es
irgendwann auf so einer Geschäftsfreunde-Ebene gelandet, wo
man sich alle zwei Jahre vor die Kamera stellt, weil mal wieder
eine neue Platte verkauft werden muß.

Was macht die Faszination der Band aus? Was bringt eure Fans
dazu, seit 20 Jahren BAP-Platten zu kaufen und Konzertsäle zu
füllen?

Wir genießen ein großes Vertrauen bei unserer Kundschaft, das
über die Jahre gewachsen ist. Sie können sich sicher sein: Auch
wenn wir mal Müll abgeliefert haben, war es immer das Opti-
mum, das wir zu der Zeit bringen konnten. Wir haben nie eine
Platte einfach nur produziert, um einen Vertrag zu erfüllen, oder
so etwas. Und wir haben nie nach Schema F gearbeitet. Anscheinend war da was dabei, was die Leute bei der Stange hält. Wenn
wir dafür ein Rezept hätten, dann würden die Impresarios Schlan-
ge stehen und eine Menge Geld dafür bieten. Wir haben es aber
nicht. Sonst hätte ja jeder zehn Nachwuchs-BAPs in der Schub-

lade. Aber das hat nie funktioniert – siehe Brings. Den neuen Bob Dylan hat es ja auch nie gegeben.

Was treibt dich anno 1999 noch an, mit BAP weiterzumachen?

Es macht einfach tierisch Bock. Allein wenn ich morgens aufwache und mir überlege, welche Möglichkeiten ich habe, meine Kreativität auszuleben: Nicht nur Musik und Texten, auch beim Cover- oder Bühnendesign. Das hat man ja sonst nicht. Ich kann mich austoben, wie ich das als Kunststudent nie hätte machen können. Als ich Kunst studiert habe, sah es so aus, als ob ich mein Leben lang vor einem weißen Viereck stehen und es füllen würde – das ist schon der Hammer, was daraus geworden ist.

Wie würdest du die Bedeutung von BAP für die deutsche Rockmusik einschätzen?

Auch das ist ein Ergebnis von Zufällen. Ich glaube nicht, daß wir innovativ waren. Wir haben etwas gemacht, was in diesem Jahrhundert selbstverständlich ist: Man hat die Möglichkeit, alles zu hören und zu verarbeiten, was auf der Welt musikalisch passiert und schon passiert ist. Deshalb waren wir immer eklektizistisch, haben immer die Methode gewählt, uns ohne Scheuklappen beeinflussen zu lassen – zum Teil von jahrzehntealten Stilrichtungen. Auf den Punkt gebracht: Unsere Wurzeln liegen im Rhythm'n'Blues, die Musik orientiert sich an den Stones, und meine Texte sind von Bob Dylan und Ray Davies beeinflußt. Viele Jungspund-Kapellen versuchen so zu tun, als hätten sie es erfunden – ist nicht. Auch bei BAP nicht. Wir haben nur nie so getan, das ist der Unterschied. Wenn zum Beispiel Oasis die Stones-Attitüde mit der Musik der Beatles als das Neuste unter der Sonne verkaufen, finde ich das nur noch amüsant.

Und wie beurteilst du im Rückblick den politischen Einfluß von BAP?

Auch da sind wir durch Zufall reingeraten. Als wir anfingen, gehörten wir noch nicht in diese alternative Szene, sondern wollten in erster Linie regelmäßig einen Kasten Bier leerproben. Wenn überhaupt, dann waren der »Schmal« und ich in der Kunstszene unterwegs. In die grüne Ecke rutschten wir durch Bürgerinitiativen rein, die uns immer wieder für ihre Stadtteilfeste engagierten. Am Anfang haben wir ziemlich gezuckt, als wir diese Ökos gesehen haben. Da ist es schon lustig, daß der Song *Müsli Män*, mit dem wir uns eigentlich über einen Ökopax lustig machen, uns später als Etikett angeheftet wurde.

Anfang der Achtziger war natürlich auch die Zeit der Anti-Atomkraft-Bewegung oder der Nachrüstungsdebatte. Zur »Band der Friedensbewegung«, wie es manchmal heißt, sind wir auch nicht aus eigenem Antrieb geworden. Das hat eine Eigendynamik bekommen, die ich nicht habe absehen können – wohl auch wegen meiner eigenen Eitelkeit. Das ist eines der größten Probleme, die mir die Popularität gebracht hat. Daß du auf einmal zu allem und jedem öffentlich eine Meinung äußern kannst. Aber wenn du da mittendrin steckst, siehst du den Wald vor lauter Bäumen nicht und wirst nur noch gefragt, ob Rockmusik »was ändern« kann. Das kann man nicht mehr hören, weil es natürlich nicht geht. Man kann als bekannter Musiker vielleicht etwas zu Veränderungen beitragen, mehr aber nicht. Sonst wäre es ja unglaublich einfach: Wir sehen Problem A, machen Text A, und dann gehen wir zur Lösung von Problem B über – wer sind wir denn? Was wäre das für eine unglaubliche Sorte Mensch, die alle Probleme lösen kann!

Welche Aktivitäten haben die BAP-Fans im Jubiläumsjahr zu erwarten?

Nach der *Comics & Pin-Ups*-Tour durch die Hallen im April und Mai haben wir für die Festival-Saison im Sommer ein nettes buntes Programm zusammengestellt – mit Fury In The Slaughterhouse, Nina Hagen und Guildo Horn. Außerdem habe ich die mündliche Zusage von Ray Davies. Da hab ich mich natürlich weggefreut. Der wird im BAP-Set ein eigenes Feature singen, und wir begleiten ihn.

Außerdem gehen wir noch mal ins Studio. Ursprünglich wollten wir ein weitgehend akustisches, live eingespieltes Balladenalbum aufnehmen – ich verabscheue das Wort »unplugged«, weil es nie stimmt. Mittlerweile finden wir es besser, ein Konzeptalbum mit neuem und altem Material, auch eher balladenlastig, zu produzieren, das zurückschaut. Das Konzept handelt von 20 Jahren Unterwegssein. Pate standen Jackson Brownes *Running On Empty* und *Storyteller* von Ray Davies. Das Album wird voraussichtlich im Herbst erscheinen und soll live im Sitzen goutiert werden. Die Winter-Tour findet dementsprechend in Schauspiel- und Opernhäusern statt. Die erste Hälfte der Konzerte bestreiten wir mit dem Album, die zweite wird etwas bunter.

Ist das nicht immer unproblematische Verhältnis der »Kölschen Glimmer Twins« – zwischen dir und dem »Major«, mit umgekehrten Vorzeichen wie bei den Stones – das Geheimnis eures Erfolges?

Auf die umgekehrten Vorzeichen lege ich Wert. Denn ich denke musikalisch mehr wie Keith Richards, obwohl ich Sänger bin, und der »Major« ist zwar Gitarrist, aber eher auf dem Jagger-Trip. Aber es gilt weiterhin: Wir ergänzen uns wunderbar – wenn es optimal läuft. Viele Stücke wären ohne die kreative Spannung zwischen uns nie entstanden. Auf der anderen Seite ist es oft sehr zäh. Weil man zu wissen glaubt, was den anderen vergrätzt, und sich Sachen aus vorauseilendem Gehorsam verkneift, die vielleicht ganz gut wären.

Als »Major« zu BAP kam, war er der Rock'n'Roller und wir so etwas wie eine wildgewordene Liedermacher-Kapelle. Wir waren stolz, als er zu uns kam. Er hat erst eine Rockband aus uns gemacht. Dieses Adelsprädikat hätten wir ohne ihn nie erreicht. Und Rock'n'Roll ist für mich immer noch die größte Musik überhaupt. Dann ist er abgedriftet, in ein musikalisches Viereck aus Eric Clapton, Sting zu seiner Hoch-Zeit, Phil Collins und Bon Jovi – in diesem Revier wildere ich so gut wie gar nicht. Die größte Überlappung ist noch Clapton, da gefallen mir die Cream- und Blind-Faith-Sachen. Sting interessiert mich nur bis zum *Synchronicity*-Album von Police. Phil Collins ist ein netter, amüsanter Plauderer, aber von ihm würde ich mir nie eine Platte freiwillig anhören. Bon Jovi war immer zu viel Posing. Ich weiß, wo die alles herhaben und höre mir lieber die Originale an. Umgekehrt würde der Klaus sich nie eine Pogues-Platte kaufen, hört die Stones eher selten, und Bob Dylan ist für ihn der Horror – allein schon wegen dem ewigen Verglichenwerden.

Wenn wir uns nicht überlappen, müssen wir trotzdem sehen, daß wir miteinander klarkommen. Das kann auch schon mal weh tun – schließlich hängt man an seinen Texten oder Kompositionen. Aber wir sind uns beide sicher: Diese Kombination ist es! Außerdem hat es schon sehr gute Alben gegeben, zu Zeiten, als wir uns nicht einig waren, und weniger gute, als alles wunderbar lief.

Und wie ist der Status quo?

Wir hatten genug Deckungsgleichheit, um an *Comics & Pin-Ups* zu arbeiten. Außerdem haben sich unsere »Neuen«, Jens Streifling und Werner Kopal, mehr eingemischt und dafür gesorgt, daß die Claims anders abgesteckt werden. Dadurch wurde viel Last von »Majors« Schultern genommen – denn wenn er allein in seinem Studio sitzt, kriegt er auch schon mal Ladehemmung. Oder wenn ich an die Zeit nach *Pik Sibbe* denke, als wir den Schwung von der Tour mit ins Studio nehmen und Dylan-Songs einspielen wollten. Da guckte dann alles auf den Klaus, was ihm zu dem Dylan-Zeug einfällt – und ihm fiel halt nichts ein. Kein Wunder:

Das wäre so, als ob ich ein Phil-Collins-Album illustrieren oder ins Kölsche übersetzen sollte. Jetzt ist die Last gut verteilt, weil die Leute, die sich bei *Amerika* noch zurückgehalten und erst mal geschaut haben, auf einmal in die Pötte gekommen sind. Die musikalische Alleinverantwortung liegt nicht mehr beim Klaus.

Gehört zu dieser neuen Rollenverteilung auch, daß dich Bassist Werner Kopal beim Singen »coacht«, wie es im Booklet zu »Comics & Pin-Ups« heißt?

Ich brauch immer jemanden, der mir sagt, ob ich richtig oder falsch liege. Ich höre selbst nicht mal, ob ich *flat* oder *sharp* singe. Lange Jahre saß dafür die gesamte Band hinter der Scheibe wie die Eiskunstlauf-Richter. Deshalb war es meistens die pure Qual für mich, die BAP-Platten zu singen. Ich habe nie so schlecht gesungen wie bei den Studioaufnahmen, weil ich mich auf alles andere konzentriert habe, nur nicht auf das, was ich beim Schreiben des Textes gefühlt habe und ausdrücken wollte. Ich hätte genausogut das Kölner Telefonbuch singen können. Bei den Solo-Platten, bei *BAP rockt andere kölsche Leeder* und jetzt bei *Comics & Pin-Ups* hat es tierisch Spaß gemacht. Jetzt mache ich das nie mehr anders. Denn so kann ich mir den Bezug zu den Songs bewahren. Außerdem ist der Werner ausgebildeter Toningenieur, der könnte ein ganzes BAP-Album allein abmischen. Der ist ein richtig guter Fang.

Was ist eigentlich aus eurem dritten Neuzugang der »Amerika«-Phase, dem Percussionisten Mario Argandona, geworden?

Der Mario macht jetzt ein anderes Projekt, die Vocaleiros. Er war bei uns musikalisch unterfordert. Mario hat sich zum Beispiel den Gesang mehr in Richtung große Kunst vorgestellt, aber wir legen Platten ja nicht so an wie die Eagles oder die Beach Boys. BAP wird nie eine Gesangsband. Aber das haben wir jetzt ja kapiert, daß es häufiger Leute geben wird, die nur für eine Platte dabei sind. Nibelungentreueschwüre gibt es bei uns nicht mehr, das gibt es ja nirgends im Berufsleben. Vielleicht wird aber Sheryl Hacket aus Heidelberg, die auf *Comics & Pin-Ups* Background gesungen hat, mal BAP-Mitglied.

Im Moment haben wir die Schwierigkeit: Wer kommt eigentlich aufs Plakat? Wir wollen ja keine Klassengesellschaft, deshalb gilt die Regelung: Die Leute von der Platte, die auch emotional dabei sind, gehören zur Band. Absolute Überzeugungstäter eben. Bei der *Leopardefell*-Tour habe ich gemerkt, daß ich mit meiner Vorstellung davon, wie es in einer Band sein muß, nicht falsch liege.

Wird es der »Leopardefell«-Band genauso gehen wie den Complizen acht Jahre vorher – tierisch viel Spaß im Studio und auf Konzerten, große Treueschwüre und dann nie wieder ein gemeinsames Projekt?

Bei dem Dylan-Projekt habe ich die überregionalen Leute geholt, von denen ich wußte, daß sie auf die Musik stehen. Der Zeitdruck war zu groß, um vorher die Complizen zu fragen, ob sie Lust hätten. Aber wie gesagt: Ich mache keine Fünfjahrespläne. Kann sein, daß wir wieder etwas zusammen machen, aber wann…?

Max Goldt hat mal über Konzertbesucher gesagt, die Zuschauer beklatschten nur ihr eigenes Gedächtnis. Nervt es mit den Jahren nicht, ständig die alten Hits spielen zu müssen – zumal es zum Teil ja sehr persönliche Stücke sind, wie »Verdamp lang her«, das dein Verhältnis zu deinem verstorbenen Vater thematisiert?

Ich schwöre: Wenn ich keinen Bock mehr habe, ein Stück zu spielen, kommt es auch nicht mehr ins Programm. Das hat aber nichts damit zu tun, wie persönlich es ist. Wenn ich *Verdamp lang her* spiele, denke ich an meinen Vater und bin ihm dabei näher, als wenn ich an seinem Grab stünde. Da bin ich sowieso nur einmal gewesen, bei der Beerdigung meines Bruders. Ich hasse den Kult, an Gräbern zu stehen und sich selber fertigzumachen. *Verdamp lang her* hat eine Sonderposition.

Aber so was wie den *Müsli Män* haben wir seit 15 Jahren nicht gespielt. Manchmal gibt es auch mit *Kristallnaach* ein Problem: Für das Stück ist so viel Konzentration und Andacht nötig – die hat man nicht immer, weil man eben nicht immer furchtbar betroffen und verzweifelt ist. Auf Open-Airs zum Beispiel – wenn wir da richtig feiern wollen, paßt so ein Apparat schlecht rein.

Wollt ihr so lange auf der Bühne stehen wie die Rolling Stones?

Schaun mer mal. Wenn ich keine Verschleißerscheinungen feststelle und der Spaß nicht ausgeht, kann das durchaus sein. Aber wir sind ja Gott sei Dank nicht diese Herberger-Kapelle geworden. Das heißt, wer keine Lust mehr hat, kann jederzeit aufhören. Das gilt auch für mich: Entscheidend ist, wie lange ich Bock habe. Chuck Berry oder B. B. King machen das ja auch. Außerdem verweise ich auf ein Zitat von Keith Richards: »Warum hat eigentlich keiner Gauguin oder Chagall gefragt, warum sie in dem Alter noch malen.« Kunst oder Musik sind doch so etwas wie Lebensmittel. Du hörst ja auch nicht auf zu essen, zu trinken oder zu vögeln. Von daher glaube ich nicht, daß ich es lassen kann, Musik zu machen. Außer wenn ich mir auf der Bühne irgendwann blöd vorkomme.

Bis »Pik Sibbe« wurden deine Texte immer persönlicher, Politik spielte eine immer geringere Rolle. Auf »Amerika« und »Comics & Pin-Ups« verschwinden auch die autobiographischen Elemente fast völlig. Hast du dich zum reinen Geschichtenerzähler entwickelt?

Die Bezeichnung gefällt mir nicht schlecht. Man muß die autobiographische Schiene ab und zu einfach verlassen. Ich habe mittlerweile verstanden, daß ich Partikel, die mir begegnen, die ich
erlebe, im Kino sehe, höre oder lese, zu Stücken machen kann.
Überall kann der Anfang einer Geschichte sein, man muß ihn
nur bemerken.

*So beschreibst du ja auch deine Arbeitsweise als bildender Künst-
ler.*

Ja, in Sachen Kunst ist das Procedere ähnlich. Ein Bildhauer muß
auch nur das weghauen, was zuviel ist. Aber es gab 'ne Zeit, wo
ich die Parallelen nicht gesehen habe. Dabei ist das allen Kunst-
formen gemeinsam – ob das nun Malerei, Schreiben oder Musik
ist.

*»Comics & Pin-Ups« – der bunte Titel des aktuellen BAP-Al-
bums will nicht so recht zu eurem politisch korrekten, bierern-
sten Image passen.*

Man muß diese Schublade halt mal sprengen. Aber ich persönlich habe mich nie darin stecken sehen, von wegen »politisch
korrekt«. Das ist halt vom Anfang der achtziger Jahre klebengeblieben. So sind halt die Medienmechanismen: Wenn einer aus
Platzgründen verkürzen muß, kommt das halt so rüber. Und
»bierernst« kann nur jemand sagen, der noch nie ein BAP-Konzert gesehen hat, denn das ist Spaß pur. Was die wenigsten wissen: In puncto Klamauk ist unser großes Vorbild Frank Zappa,
aus der Zeit von *Roxy & Elsewhere*. Musikalisch können wir
uns da natürlich nicht vergleichen. Aber wir haben irgendwann
gemerkt, daß man nicht auf jeder Platte die lustige Nummer
machen kann. Wahrscheinlich sind wir deshalb nicht mit den
Rodgau Monotones dieser Welt untergegangen.

212

Du hast mit Guildo Horn und Stefan Raab die »FC, jeff Jas«-Single aufgenommen, der »Meister« spielt mit euch die Open-Airs. Bist du zum Schlagerfan mutiert?

Das nicht unbedingt. Guildo finde ich aber sehr lustig. Bei ihm steht ja mehr der Comedy-Aspekt im Vordergrund. Als ich ihn das erste Mal gesehen habe, hat er auf einer alternativen Karnevalsveranstaltung in Köln *Verdamp lang her* mit einem Kuhglocken-Solo gespielt – da habe ich mich schiefgelacht.

Deutsche Musik feiert ja im Moment Erfolge wie lange nicht mehr – vor allem deutschsprachiger HipHop.

Das begrüße ich sehr. Negativ finde ich nur, daß der Nachwuchs die Gitarre in die Ecke stellt und lieber Platten kratzt. Aber viele HipHopper machen gute Texte. Da formulieren Leute, die wirklich etwas zu sagen haben. Fünf Sterne deluxe aus Hamburg gefallen mir zum Beispiel ganz gut. Das hören auch meine beiden Söhne, die haben mir das einen ganzen Urlaub lang im Auto gegeben, da kann ich jetzt alles mitsingen. Auch wenn das meine Sprößlinge anders sehen: Ich mag auch die Fantastischen Vier immer noch sehr gerne, die sind klasse. Als ich ihr letztes Album, *Lauschgift*, gehört habe, war mein erster Eindruck: Vor den Texten kann man den Hut ziehen. Es wäre aber nicht die Musik, die ich machen würde, wenn ich jetzt in dem Alter wäre – zu wenig Bauch, auch wenn es groovt. Ich würde heute mit ziemlicher Sicherheit Crossover machen und richtig draufhauen – etwa wie die H-BlockX aus Münster. Wenn ich in den Siebzigern groß geworden wäre, hätte ich wahrscheinlich Punk gemacht.

Wie sieht es denn mit den musikalischen Ambitionen der Niedecken-Sprößlinge aus?

Die Bandgeschichte ruht, dafür reimen und scratchen sie. Aber wenn sie was spielen, klingt es wie die Ramones.

Wie gefallen dir die Bands der Hamburger Schule wie Tocotronic oder die Sterne, die ja auch sehr anspruchsvolle Texte machen?

Ich will den Jungs ja nichts Böses, aber das ist mir zu akademisch, zu oberschülerhaft. Selig oder die Nationalgalerie gefallen mir ganz gut, aber die meinst du damit ja nicht. Bei Gymnasiasten-Pop kriege ich Berührungsängste. Rock'n'Roll ist etwas Proletarisches – da kommt bei mir der Sohn aus dem Tante-Emma-Laden raus. Ich hab mich immer Scheiße gefühlt, wenn ich früher den Ärzten oder Rechtsanwälten ihr Zeug nach Hause bringen mußte. Ich bin lieber Prolet.

Was sind deine Lieblingsplatten der letzten Zeit?

Ich messe das immer daran, was ich ständig im Auto höre. Da war zum einen das zweite Wallflowers-Album, *Bringing Down The Horse*. Zum anderen das letzte Studiowerk von Del Amitri. Ich ärgere mich schwarz, daß diese Band nicht den Erfolg hat, wie zum Beispiel Oasis, die mehr auf Oberfläche setzen. Del Amitri stehen für mich auf dem gleichen Level wie früher Crowded House. Beide sind die legitimen Nachfolge-Kapellen der Beatles, machen wohl aber zu wenig Heckmeck.

Eigentlich müßtest du doch auch Stefan Stoppok klasse finden. Der macht doch genau die Musik, die BAP machen würde, wenn es nur nach dem Kopf von Wolfgang Niedecken ginge.

Ich mag Stoppok sehr gerne. Die Art von Musik trifft genau meinen Geschmack, auch die Haken, die er schlägt – wenn er zum Beispiel zwischendrin einfach mal ein Instrumentalalbum macht, das auch noch prima war. Ich wundere mich nur, daß er einen in kleinen Clubs fast umhaut und sich auf Open-Airs von Leuten an die Wand spielen läßt, die ihm lange nicht das Wasser reichen können. Aber um so eine Musik zu machen – da wäre das Tauziehen mit dem »Major« zu heftig. Das ist nicht Klaus' Ecke, dafür ist es zu pur, zu dreckig. Klaus schreibt nur laute Nummern, um mir einen Gefallen zu tun. Wie zum Beispiel *Psycho-Rodeo* vom neuen Album. Das ist eins von den Stücken, das er mir mit einem breiten Grinsen verkauft, weil er weiß, daß er meinen Geschmack getroffen hat – irgendwie sind wir ja doch Freunde.

Wenn du die fünf wichtigsten Rock-Acts des 20. Jahrhunderts zu küren hättest – wer wäre das?

Du kannst dir vorstellen, daß mir das leicht fällt: Bob Dylan, John Lennon, Ray Davies, Jimi Hendrix und Miles Davis. Ohne Rangfolge, natürlich. Wenn man »Rock« puristisch sehen will, dann nimm Bruce Springsteen statt Miles.

Was bleibt von BAP in, sagen wir einmal, 50 Jahren?

Ob wir soo eine Bedeutung haben, weiß ich nicht. Das müssen andere beantworten.

Und wenn jemand eine Geschichte der deutschen Rockmusik schreibt?

Dann wird er nicht um BAP herumkommen.

Du betonst bei eurer Musik immer wieder, wie wichtig es für dich ist, nicht zwanghaft irgendwelchen Trends hinterherzurennen. Wenn man Glück hat, produziert man dann zeitlose Kunst, aber es kann auch im kreativen Stillstand enden. Die Rolling Stones haben auf »Bridges To Babylon« hippe Producer wie die Dust Brothers engagiert, Eric Clapton experimentierte

215

auf »Pilgrim« mit TripHop-Sounds, und auch Herbert Gröne-
meyers »Bleibt alles anders« klingt phasenweise sehr modern, ohne
daß es sich nach Anbiederung an den Zeitgeist anhört.

Mit »Anbiederung an den Zeitgeist« kommt man nicht weiter.
Bei Clapton ist das ja auch eher in die Hose gegangen. Aber der
Herbert liegt da tatsächlich weit vorne, der interessiert sich auch
dafür, deshalb finde ich es okay.
   Aber auch bei uns kann man wieder eine Entwicklung sehen:
Amerika haben wir nur mit »puren« Mitteln erstellt. Da haben
sich unsere »Neuen« auch noch nicht so getraut. *Comics & Pin-*
Ups ist ein weiterer Schritt nach vorne, weil wir da andere Sachen zugelassen haben – auch mal Loops. Bei den Aufnahmen
haben wir so viel herumexperimentiert wie noch nie – die Realsatire von *Ahl Männer* mal ausgeklammert. Ich bin gespannt,
wie das weitergeht. Ich denke nur an die Hälfte des neuen Albums, die Peter Schmidt ganz hervorragend abgemischt hat –
auf so einen Mann wird man noch hören.

Was hast du am 27. September 1998 gemacht?

Was war denn da?

Bundestagswahl.

Ach ja. Nichts Besonderes, glaube ich. Ich habe per Briefwahl
abgestimmt. Ich werde mir aber vorm Fernseher irgendeine
Hochrechnung angeschaut haben und war erfreut über das Ergebnis – auch in genau dieser Verteilung. Denn mehr politische
Verantwortung für die Grünen wäre nicht okay gewesen. So for-
dert das Ergebnis zur Realpolitik auf, und jetzt müssen sie Butter bei den Fisch tun, das gefällt mir, weil es mit dem ständigen
Klugdaherschwätzen jetzt vorbei ist.

Und wie geht es dir mit Bundeskanzler Gerhard Schröder? Du hast dich ja früher nicht gerade positiv über ihn geäußert.

Schröder kann ich kaum beurteilen. Das liegt an dem stark personenbezogenen, amerikanisierten Wahlkampf. Deshalb habe ich mich vor der Wahl auch geschlossen gehalten wie noch nie und keine Kommentare abgegeben. Einiges finde ich an ihm angenehm, anderes schreckt mich ab. Zum Beispiel stelle ich fest, daß ich bei ihm oft gar nicht zuhöre, was er sagt, sondern nur auf die Gesten schaue – das ist mir vorher nie passiert. Ich gucke dann, wie einstudiert seine Gestik wirkt, und bleibe auch ansonsten oft an der Oberfläche kleben – dabei will ich eigentlich gar nicht darüber nachdenken, wie viele Frauen der jetzt gehabt hat.

Dein Fazit nach fast 100 Tagen Rot-Grün?

Dafür ist es zu früh. Für mich ist es nur eine interessante Situation, auf der Ministerbank fünf bis sechs Leute zu sehen, mit denen ich per du bin. Das ist schon 'ne komische Vorstellung: Früher bin ich aufgestanden und habe laut rumgeschrien, und heute kenne ich die halbe Regierung.

Wenn man nach dem Wahlsieg Tony Blairs in Großbritannien mit Musikern gesprochen hat, hörte man teilweise Sachen wie: »Es war, als ob man nach Jahren wieder atmen konnte.« Auch künstlerisch sei vielen durch die Ablösung der Tory-Regierung eine riesige Last von den Schultern genommen worden. Geht dir das nach dem Ende der Ära Kohl auch so?

Das kann ich nicht nachvollziehen. Daß jetzt Freunde von mir in der Regierung sitzen, erleichtert mir doch das Arbeiten nicht. Kohl hat mich auch nicht gehemmt. Es ist zwar schön, daß der Mief verschwindet und daß da jetzt der Joschka rumläuft, der auch mal einen lockereren Spruch macht. Aber deshalb sitze ich

217

ja nicht rum und sage: Boah, jetzt kann ich endlich all die Stücke schreiben, die mir vorher nicht eingefallen sind.

Wenn ich an die Jubelveranstaltung am 3. Oktober 1998 in Hannover denke, wo wir gespielt haben: Da habe ich mich sogar so beschissen gefühlt wie lange nicht. Beim großen Gruppenbild mit Schröder habe ich mich dann auch massiv nach hinten gedrängelt.

Aber wir haben immerhin *Widderlich* aus dem Tourprogramm gestrichen. Zeilen wie »Ihr sitt widderlich, nimieh zo erdraare, ihr sitt penetrant, wahre Asoziale« passen jetzt ja irgendwie nicht mehr.

Wie hast du den Abgang Helmut Kohls erlebt?

Ich habe den Hut gezogen, weil er sich als guter Verlierer erwiesen hat. Das hätte ich ihm nicht zugetraut.

Was sagt dir Michael Naumann? Erwartest du dir von einem Bundeskulturbeauftragten etwas?

Da kann ich nur gespannt sein, was passiert. Ich habe bis jetzt noch keinen Müll von ihm gehört. Auch nicht zur Holocaust-Gedenkstätten-Debatte, diesem heiklen, sehr deutschen Thema. Da haben sich ja schon viele das Maul verbrannt, insbesondere Martin Walser.

Du noch nicht. Als bildender Künstler hast du doch sicher eine fundierte Meinung zu den vorliegenden Plänen?

Das Denkmal, das da in Berlin geplant ist, wird in der Realität nur für Ärger sorgen. Ich sage das jetzt mal mit Helmut Schmidt: Es ist ja gut gemeint – was jetzt nicht heißt, daß es das Gegenteil von Kunst ist. Es ist nur völlig unpraktikabel. Stell dir vor, da müßten doch wahrscheinlich ständig Hunderte Polizisten aufpassen, daß keiner schändet oder einfach nur sein Geschäft verrichtet.

Ich persönlich würde es begrüßen, wenn man statt dessen die Standorte des Naziterrors besser konserviert und sie den Leuten zugänglich macht. Wenn kein Geld da ist, um eine von Neonazis zerstörte Baracke wiederherzustellen – das kann ich nur blamabel finden.

Du hast in mehreren Interviews betont, daß du dich nicht als Deutscher fühlst, große Schwierigkeiten mit dem Nationalgefühl hast. Warum hast du unter dieser Voraussetzung vor kurzem das Bundesverdienstkreuz angenommen?

Ich nehme an, daß ich es nur stellvertretend für die *Arsch Huh*-Geschichte, und was danach gekommen ist, bekommen habe. Dafür habe ich damals ja auch schon den Landesverdienstorden Nordrhein-Westfalens angenommen – auch weil ich Johannes Rau, den damaligen Ministerpräsidenten, sehr schätze. Das Bundesverdienstkreuz habe ich übrigens auch schon mal abgelehnt. Diesmal bin ich wohl auch ein bißchen aus Trotz dahin gegangen: Wann immer ich die Gelegenheit habe, die Leute zu irritieren, nutze ich sie. Ich habe zum Beispiel auch großen Respekt davor, daß Bob Dylan für den Papst gespielt hat – aber das war ja auch eine ganz schöne Realsatire: Dylan mit dem Cowboyhut und einer Hose, die er sonst wohl nur zum Fröschefangen anzieht, und der Papst – wo ist da die Naht? Aber Dylan hat das nicht einmal in respektloser Form gemacht, und das ist wichtig. Das Paradegegenbeispiel war Sinead O'Connor, die in einer Talk-Show ein Papst-Porträt zerriß und sich wunderte, daß sie kurz darauf beim Dylan-Jubiläumskonzert in New York von der Bühne gebuht wurde. In den USA werden Katholiken als eine religiöse Minderheit wie viele andere respektiert und verteidigt. Sie hat nicht verstanden, daß man es gerade im Melting Pot New York nicht akzeptiert, wenn jemand auf eine Minderheit losgeht.

Du wirst für fast alles, was du politisch unternimmst, scharf kritisiert – vor allem aus der Ecke der eher fundamentalistischen Altlinken.

Wer wie die Leute, die heute noch in Wackersdorf im Zelt wohnen, anfängt, ein Problem zu leben, kriegt nun mal irgendwann Probleme. Zumal in einer Zeit, wo die Vokabeln »links« und »rechts« nichts mehr bedeuten. Klar, werde ich weiter was machen. Aber dann, wenn ich das für richtig halte. Ich erlaube mir auch, selber zu entscheiden, was ich mache. Nebenbei: Man darf das auch nicht inflationär betreiben. Das nützt niemandem was. Wenn du alle zwei Tage mit einer neuen super politischen Idee im Fernsehen bist, geht das den Leuten ruckzuck auf die Nerven.

Viele Leute sind auch erstaunt, wie sehr du dich auf einmal für den 1. FC Köln ins Zeug legst. Was ist da los?

Ich bin selbst erstaunt, wie wichtig mir das nach dem Abstieg des FC in die Zweite Bundesliga geworden ist. Ich war immer Fußball-Fan, aber nie FC-Ayatollah, der allem, wo ein Geißbock dranklebt, hinterherrennt. Wenn die Deutschen Weltmeister werden, fahre ich auch nicht mit der Fahne durch die Gegend, sondern staune, daß es Leute gibt, die das tun. Ich war im Urlaub auf Elba, als ich hörte, daß der Abstieg perfekt war – da bin ich stundenlang mit dem Motorrad um die Insel gefahren und bin nicht ansprechbar gewesen. Das hätte ich nie für möglich gehalten. Seit einem gemeinsamen Konzert bin ich mit dem österreichischen Ex-FC-Stürmer Toni Polster befreundet – als ich ihn bei der WM '98 im Fernsehen gesehen habe, habe ich wieder den FC-Blues bekommen und zur Musik von *Für 'ne Moment* den *FC, jeff Jas*-Text gemacht.

Und ich finde es total schön, daß ich einige alte FC-Helden getroffen habe: Besonders bewegend war es, als ich Hans Schäfer, mein erstes großes Vorbild, kennengelernt habe. Als ich klein war, wollte ich immer Hans Schäfer sein. Als ich mit ihm zusammen ein Pokalspiel gegen Hansa Rostock gesehen habe, habe ich mir gedacht: So muß es sein, ein Stones-Konzert mit Chuck Berry zu sehen. Jetzt ruft der Hans Schäfer, der Kölner Weltmeister von 1954, mich immer mal wieder an und wir diskutieren über Fußball – das ist die Krönung. Und Wolfgang Weber, mein größter Held aus der nächsten Generation, entpuppte sich als BAP-Fan, der alle Stücke kennt. Wir haben mal 'ne ganze Nacht lang in meiner Wohnung gefachsimpelt.

Und was macht die Kunst?

Ich werde vor der Tour noch eine Ausstellung in Düsseldorf haben, bei Hans Mayer. Das ist eine Galerie der obersten Liga. Dennis Hopper hält da übrigens die Eröffnungsrede. Er hatte die Ausstellung davor, und wir haben uns bei seiner Vernissage über meinen alten Kollegen Julian Schnabel kennengelernt und ein bißchen angefreundet. Das meinte ich, wenn ich von »Traum mit Überlänge« rede.

»Veränderung«
Aktueller Epilog

Nach erfolgreichem Abschluß der Jubiläumstournee werden Klaus »Major« Heuser, Alexander »Effendi« Büchel und der Soundman Hans »Fonz« Wollrath ihre Karriere bei BAP zum 30. Juli 1999 beenden, um sich nach 20 Jahren in Zukunft anderen Aufgaben und Interessen widmen zu können. Klaus Heuser wird seine Karriere als Produzent, Komponist und Solokünstler fortsetzen. Wolfgang Niedecken wird die Gruppe BAP, die er 1979 gegründet hat, mit den verbleibenden Musikern sowie zwei neuen Musikern in die Zukunft führen.

EMI-Pressemitteilung, 2. März 1999

Der Zeitpunkt für meinen Ausstieg hätte nicht günstiger sein können: Ich verlasse nicht das sinkende Schiff, sondern BAP steht so gut da wie eh und je. Mit dem Gedanken, als Produzent zu arbeiten, trage ich mich schon länger. Es sollte jedem klar sein, daß mir die Entscheidung, BAP zu verlassen, wirklich sehr schwer gefallen ist. Aber wenn man sich verändern will, muß man irgendwann mal eine Entscheidung fällen. Genau das habe ich getan.

Klaus »Major« Heuser, EMI-Pressemitteilung, 3. März 1999

Major kam schon Weihnachten zu mir und hat mir seine Entscheidung mitgeteilt. Keine Frage: Er hat BAP zu der Rockband
gemacht, die sie heute ist. Ich respektiere seine Entscheidung,
denn er hat das Recht, das zu tun, was er möchte. Und er will
sich halt nach fast 20 Jahren seiner Produzententätigkeit widmen. Wir haben – auch wenn das nicht einfach war – unsere Kri-
sen immer zugegeben und coram publico ausgetragen. Nur, diesmal gibt es gar keine Krise: Umbesetzungen gab es schon häufiger, der letzte Wechsel war vor der *Amerika*-Tour. Etwas flapsig
ausgedrückt: BAP ist ja zum Glück keine Boy Group, die zur
psychologischen Betreuung ihrer Fans eine Hotline einrichten
muß, wenn einer von deren Mitgliedern ausscheidet. Ich halte es
im übrigen mit dem weisen Spruch, daß Veränderung die einzige
Konstante ist.
Wolfgang Niedecken, EMI-Pressemitteilung, 4. März 1999

Natürlich habe ich auch darüber nachgedacht, BAP jetzt abzu-
haken und solo weiterzumachen, bin aber zu dem Ergebnis gekommen, daß das die schlechtere der beiden Möglichkeiten wäre.
Wer mir jetzt einen Strick daraus drehen will, daß Klaus seine
Entscheidung vor der Tour bekannt gab, und mit Worten wie
»verlogen« rumhantiert, kann nicht sehr lange über das Problem
nachgedacht haben. Bequemer wäre es ja wohl allemal nachher
gewesen. Ich bin selbst aus allen Wolken gefallen und erhalte die
Band aus vielen Gründen. Auch weil ich sie gegründet habe,
und zwar zwei Jahre vor dem ersten Album. Klaus war ohne
Zweifel sehr wichtig für die Entwicklung der Band. Aber sein
Weg geht eben in eine andere Richtung. Soll ich deswegen mein
Baby einschläfern? Außerdem handelt es sich bei uns nicht um
Tic Tac Toe, sondern um erwachsene Menschen. Tut uns den
Gefallen: Gebt uns die Möglichkeit, die Tournee in würdiger,
nicht angstbesetzter Form zu spielen, denn wir stecken wirklich
in keiner Krise und freuen uns darauf, die gemeinsame Ära in
Würde abzuschließen. Helft uns dabei. Ne schöne Jrooß.
Wolfgang Niedecken, BAP-EMI-Homepage, 5. März 1999

Kein »Aus für BAP«. Die neue Besetzung fotografiert am 4. März 1999. Von links nach rechts: Werner Kopal, Sheryl Hackett, Helmut Krumminga, Jens Streifling, Jürgen Zöller, Michael Nass. Vorne: Wolfgang Niedecken (Foto: Achim Scheidemann/dpa).

Bildlegenden

1 Im Studio während der Aufnahmen für *Amerika*, 1996.
2 Wolfgang Niedecken als Gitarrist von The Troop, 1968.
3 1979
4 Oben: Das erste BAP-Foto, 1978. Von links nach rechts:
Manfred »Schmal« Boecker, Wolfgang »Wolli« Boecker,
Klaus Hogrefe, Wolfgang Niedecken, Hans »Honçe«
Heres, Afro Bauermann.
Unten: Im Atelier beim Malen, 1972.
5 Nach dem Konzert auf der Loreley, August 1982. Von
links nach rechts: Manfred »Schmal« Boecker, Axel »Effendi« Büchel, Steve Borg, Wolfgang Niedecken, Wolfgang »Wolli« Boecker, Klaus »Major« Heuser, Hans
»Fonz« Wollrath.
6 Promotionfoto zur CD *X für 'e U*, 1990. Von links
nach rechts: Steve Borg, Jürgen Zöller, Klaus »Major«
Heuser, Hans »Fonz« Wollrath, Manfred »Schmal«
Boecker, Axel »Effendi« Büchel, Wolfgang Niedecken.
7 Promotionfoto zur CD *Comics & Pin-Ups*. Brüssel,
November 1998. Von links nach rechts: Axel »Effendi«
Büchel, Jürgen Zöller, Wolfgang Niedecken, Hans
»Fonz« Wollrath, Klaus »Major« Heuser, Jens Streifling, Werner Kopal.
8 Mit Heinrich Böll, 1984.

9 Mit seiner Frau Tina und Oskar Lafontaine nach dem Konzert in Saarbrücken, Februar 1991.
10 Mit Joe Cocker in New York, 1989.
11 Spontaner Auftritt mit Bruce Springsteen in Berlin, 1995.
12 Konzert auf der Loreley, August 1982.
13 1989
14 Mit Klaus »Major« Heuser auf der *Amerika*-Tournee, 1997.
15 Zehn Jahre BAP, Köln 1989.
16 »Schwerter zu Pflugscharen«, Moskau 1988.
17 Oben: Die Leopardefell-Band, 1994. Von links nach rechts: Jens Streifling, Carl Carlton, Ken Taylor, Wolf gang Niedecken, Bertram Engel, Axel »Effendi« Büchel. Unten: Mit Toni Polster vom 1. FC Köln in der Kölner Sporthalle, November 1996.
18 *Da Capo*-Tour, 1990.
19 1998
20 Dezember 1994.

Bildnachweis

Privatarchiv Wolfgang Niedecken: 2, 3, 4 (oben und unten),
    6, 8, 9, 10 12, 13, 16, 18
Privatarchiv Wolfgang Niedecken/Bruno Zimmermann: 1
Privatarchiv Wolfgang Niedecken/Peter Wieler jun.: 5
Privatarchiv Wolfgang Niedecken/Jim Rakete: 11
Privatarchiv Wolfgang Niedecken/Achim Scheidemann: 15
EMI Electrola/Peter Boettcher: 17 oben, 20
EMI Electrola/Mathias Bothor: 19
Achim Scheidemann: 7, 17 unten, 224
Christof Graf: 14

BAPs Besetzung

Wolfgang Niedecken (* 30. März 1951): Gesang, Gitarre
Klaus »Major« Heuser (* 27. Januar 1957): Gitarre (1980 bis 1999)
Hans »Fonz« Wollrath (* 24. Juli 1957): Sounds (1980 bis 1999)
Alexander »Effendi« Büchel (* 29. Januar 1957): Keyboards
(1981 bis 1999)
Jürgen Zöller (* 27. September 1947): Schlagzeug (seit 1987)
Jens Streifling (* 30. April 1966): Saxophon, Mundharmoni-
ka (seit 1996)
Manfred »Schmal« Boecker (* 22. Januar 1952): Percussion
(1978 bis 1996)
Stefan »Steve Borg« Kriegeskorte (* 5. Oktober 1953): Baß
(1980 bis 1996)
Werner Kopal (* 20. März 1956): Baß (seit 1996)
Helmut Krumminga (* 1961): Gitarre (seit 1999)
Michael Nass (* 1966): Keyboards (seit 1999)
Sheryl Hackett (* 1960): Percussion, Gesang (seit 1999)
Weitere ehemalige Bandmitglieder:
Mario Argandona: Percussion (1996 bis 1997)
Pete King (†): Schlagzeug (1987)
Jan Dix: Schlagzeug (1983 bis 1987)
Wolfgang »Wolli« Boecker: Schlagzeug (bis 1983)
Hans »Honçe« Heres: Gitarre (bis 1980)
Wolfgang »Dä Jröön« Klever: Baß (bis 1980)
Bernd Odenthal: Keyboards (bis 1981)

Diskographie

Wolfgang Niedeckens BAP rockt andere kölsche Leeder, 1979, Eigelstein/EMI Electrola
Affjetaut, 1980, Eigelstein/EMI Electrola
Für Usszeschnigge, 1981, EMI Electrola
Vun drinne noh drusse, 1982, EMI Electrola
BAP Live – Bess demnähx, 1983, EMI Electrola
Zwesche Salzjebäck un Bier, 1984, EMI Electrola
Ahl Männer, aalglatt, 1985, EMI Electrola
Da Capo, 1988, EMI Electrola
X für 'e U, 1991, EMI Electrola
Affrocke, 1991, EMI Electrola
Pik Sibbe, 1993, EMI Electrola
Wahnsinn – Die Hits von 79-95, 1995, EMI Electrola
Amerika, 1996, EMI Electrola
Comics & Pin-Ups, 1999, EMI Electrola

Wolfgang Niedecken und die Complizen:
Schlagzeiten, 1986, EMI Electrola

Wolfgang Niedecken und die Leopardefell-Band:
Leopardefell, 1994, EMI Electrola

Bibliographie

BAP, *BAP övver BAP*, Lamuv Verlag, Bornheim-Merten 1983.

Klaus Dewes, *BAP für metzennemme*, Bastei Lübbe, Bergisch-Gladbach 1984.

Klaus Dewes, *BAP op Tour. Facts – Fans – Freaks*, Heyne Verlag, München 1985.

Gerhard Hirschfeld/Jesko Sander, *BAP övver China*, Vorwärts Verlag, Bonn 1989.

Peter Pionke, *BAP jraaduss. Die Geschichte der erfolgreichen Rock-Band*, Bastei Lübbe, Bergisch-Gladbach 1990.

Wolfgang Niedecken, *Auskunft*, Unter Mitarbeit von Matthias Immel und Patrick von Odijk, Kiepenheuer & Witsch, Köln 1990.

Wolfgang Niedecken/Christoph Dieckmann, *Alles im Eimer, alles im Lot. Ein Gespräch*, Verlag Volk & Welt, Berlin 1994.

Wolfgang Niedecken, *Pissjääl & Kackbrung. Vom Umgang mit Material und Farbe,* Hg. von Michael Euler-Schmidt, Steidl Verlag, Göttingen 1994.

Wolfgang Niedecken/Bruno Zimmermann, *Leopardefellbooch,* Zweitausendeins, Frankfurt/Main 1995.

Wolfgang Niedecken/Eusebius Wirdeier, *Noh un noh,* Emons Verlag, Köln 1996.

Wolfgang Niedecken, *Verdamp lang her. Eine Art Fortsetzungsroman,* Aufgezeichnet von Teddy Hoersch, Kiepenheuer & Witsch, Köln 1999.

Arsch huh, Zäng ussenander! Kölner gegen Rassismus und Neonazis, Kiepenheuer & Witsch, Köln 1992.

Marina Krüger/Jörg Schulz, *Küssen verboten. Momentaufnahmen aus der deutschen Rockszene,* Rütten & Loening, Berlin 1994.

Kölsch Rock. Die erste Dokumentation über die Kölner Szene, (Eigenverlag), Köln 1981.

Quellenhinweise

Weitere Rockmusik-Bücher im
PALMYRA VERLAG

Miles (Hg.)

Frank Zappa

In eigenen Worten

Vorwort von Václav Havel

Aus dem Amerikanischen von Kathrin Razum

144 Seiten · 16 Schwarzweißfotos
13,5 x 21 cm · Gebunden
DM 29,80 · ÖS 221,- · SFr 29,80 · ISBN 3-930378-08-6

»Das Buch ist eine Offenbarung!«
Norddeutscher Rundfunk

Michael Heatley (Hg.)

Neil Young

In eigenen Worten

Aus dem Amerikanischen von Torsten Waack

146 Seiten · 16 Schwarzweißfotos
13,5 x 21 cm · Gebunden
DM 29,80 · ÖS 221,- · SFr 29,80 · ISBN 3-930378-14-0

»Das Buch präsentiert den Künstler offen und ehrlich.
Daß es sorgfältig editiert ist und über eine ausführliche
Diskographie und viele Fotos verfügt, gehört beim
Palmyra Verlag zum gewohnten Standard.«
Saarländischer Rundfunk

David Dalton/Mick Farren (Hg.)
The Rolling Stones
In eigenen Worten
Aus dem Englischen von Torsten Waack
260 Seiten · 22 Schwarzweißfotos
13,5 x 21 cm · Gebunden
DM 34,- · ÖS 252,- · SFr 33,- · ISBN 3-930378-04-3
*Erstmals kommen in einer einzigen Veröffentlichung alle
Stones-Mitglieder zu Wort.*
»Ein Werk, das anders ist als all die anderen.«
Abendzeitung/München

Miles (Hg.)
John Lennon
In eigenen Worten
Aus dem Englischen von Kathrin Razum
140 Seiten · 16 Schwarzweißfotos
13,5 x 21 cm · Gebunden
DM 29,80 · ÖS 221,- · SFr 29,80 · ISBN 3-930378-10-8
*»Ein spannendes Selbstportrait und unbedingtes Muß für
jeden Lennon- und Beatlesfan.«*
Musikwoche

Peter Hogan (Hg.)

R.E.M.

In eigenen Worten

Aus dem Amerikanischen von Sylke Wintzer

128 Seiten · 16 Schwarzweißfotos · 13,5 x 21 cm · Gebunden
DM 29,80 · ÖS 221,- · SFr 29,80 · ISBN 3-930378-17-5

»Der Palmyra Verlag hat auch bei der Fotoauswahl ein hervorragendes Händchen bewiesen.«
Rockzentrale Franken

Nick Wise (Hg.)

Nirvana · Kurt Cobain · Courtney Love

In eigenen Worten

Aus dem Amerikanischen von Kathrin Razum

140 Seiten · 16 Schwarzweißfotos
13,5 x 21 cm · Gebunden

DM 29,80 · ÖS 221,- · SFr 29,80 · ISBN 3-930378-12-4

»Wises Buch zerrt die bittere Wahrheit hinter
Nirvanas Erfolgsstory ans Licht.«
Westdeutsche Allgemeine

Paul Williams

Like A Rolling Stone
Die Musik von Bob Dylan, 1960-1973

Aus dem Amerikanischen von Kathrin Razum
472 Seiten · 16 Schwarzweißfotos
13,5 x 21 cm · Gebunden
DM 49,80 · ÖS 369,- · SFr 47,80 · ISBN 3-930378-01-9
»Das definitive Buch über Dylans Kunst.«
Siegfried Schmidt-Joos
Sender Freies Berlin

Paul Williams

Forever Young
Die Musik von Bob Dylan, 1974-1986

Vorwort von Günter Amendt
Aus dem Amerikanischen von Kathrin Razum
520 Seiten · 16 Schwarzweißfotos
13,5 x 21 cm · Gebunden
DM 54,- · ÖS 400,- · SFr 51,- · ISBN 3-930378-05-1
»Faszinierend und unverzichtbar.«
Rolling Stone/Deutsche Ausgabe

Georg Stein

Bob Dylan – Temples In Flames

Vorwort von Wolfgang Niedecken
Text von Martin Schäfer
96 Seiten · 70 Farb- und Schwarzweißfotos
24 x 22 cm · Gebunden · Kunstdruckpapier
DM 44,- · ÖS 326,- · SFr 42,- · ISBN 3-9802298-0-7
*»Stein sind zweifellos Fotos von ganz besonderer
Aussagekraft gelungen.«*
tip/Berlin

Bob Seymore

THE END

Der Tod von Jim Morrison

Aus dem Englischen von Kathrin Razum
166 Seiten · 16 Schwarzweißfotos
13,5 x 21 cm · Gebunden
DM 29,80 · ÖS 221,- · SFr 29,80 · ISBN 3-9802298-7-4
*THE END beschreibt erstmals seriös und umfassend die
Hintergründe von Jim Morrisons Tod.*
»Spannend wie ein Krimi.«
dpa

Jethro Tull Songbook

592 Seiten · 17 Schwarzweißfotos
17 x 24 cm · Gebunden · 3. Auflage
DM 59,80 · ÖS 443,- · SFr 56,80 · ISBN 3-9802298-5-8

*Das Buch enthält die kompletten autorisierten
Songtexte (englisch-deutsch), persönliche Kommentare
von Ian Anderson und bislang unveröffentlichte Fotos.
Das Songbook ist auch in einer rein englischen
Ausgabe erhältlich.*
»Ein Prachtband.«
Berliner Morgenpost

B.B. King mit David Ritz
Ein Leben mit dem Blues
Die Autobiographie
Vorwort von Udo Wolff
Aus dem Amerikanischen von Sylke Wintzer
380 Seiten · 17 Schwarzweißfotos
13,5 x 21 cm · Gebunden
DM 49,80 · ÖS 369,- · SFr 47,80 · ISBN 3-930378-19-1

»Das Buch überzeugt in jeder Hinsicht.«
Musikwoche
»Ein wirklich tolles Buch!«
Jazz Radio Berlin

Arno Köster (Hg.)

Udo Lindenberg
In eigenen Worten
Vorwort von Nina Hagen und Fritz Rau

132 Seiten · 16 Schwarzweißfotos
13,5 x 21 cm · Gebunden
DM 29,80 · ÖS 221,- · SFr 29,80 · ISBN 3-930378-20-5

»Ein interessantes Büchlein!«
Jürgen von der Lippe in der Sendung
»Geld oder Liebe«

Konstantin Wecker

Schon Schweigen ist Betrug
Die kompletten Liedtexte
Vorwort von Dieter Hildebrandt

414 Seiten · 18 Schwarzweißfotos
13,5 x 21 cm · Gebunden
DM 49,80 · ÖS 369,- · SFr 47,80 · ISBN 3-930378-00-0

»Dem Verlag sei Dank sind erstmals alle Liedtexte
in einem Buch versammelt.«
BuchJournal